21世纪全国高职高专旅游系列规划教材

酒店前厅经营与管理

主　编　李　俊

副主编　定　琦

参　编　武　瑾　周　娟

张　丽　张　利

北京大学出版社

PEKING UNIVERSITY PRESS

内 容 简 介

本书根据国家教育部对高等职业教育的有关精神，结合高职高专院校培养应用型人才的特点而编写。本书服务部分包括前厅概述、客房预订、礼宾服务、前台服务及住店服务，管理部分包括房价与收益管理、前厅销售管理、宾客关系管理及前厅信息管理。各章节设置了内容概要、学习目标、案例赏析、知识链接、微型案例及思考题等内容，以增加本节的学习性、应用型及实际操作性。

本书既可作为高等职业院校旅游与酒店管理专业和其他相关专业的教学用书，也可作为酒店从业人员和管理人员的培训及工作参考用书。

图书在版编目(CIP)数据

酒店前厅经营与管理/李俊主编．—北京：北京大学出版社，2013.7

(21世纪全国高职高专旅游系列规划教材)

ISBN 978-7-301-22777-0

Ⅰ.①酒…　Ⅱ.①李…　Ⅲ.①饭店—经营管理—高等职业教育—教材　Ⅳ.①F719.2

中国版本图书馆CIP数据核字(2013)第148344号

书　　　名：酒店前厅经营与管理

著作责任者：李　俊　主编

策 划 编 辑：刘国明

责 任 编 辑：刘国明

标 准 书 号：ISBN 978-7-301-22777-0/F·3665

出 版 发 行：北京大学出版社

地　　　址：北京市海淀区成府路205号　100871

网　　　址：http://www.pup.cn　新浪官方微博:@北京大学出版社

电 子 信 箱：pup_6@163.com

电　　　话：邮购部62752015　发行部62750672　编辑部62750667　出版部62754962

印　刷　者：北京富生印刷厂

经　销　者：新华书店

787毫米×1092毫米　16开本　14印张　324千字

2013年7月第1版　2015年8月第2次印刷

定　　　价：28.00元

前　言

前厅经营与管理是高等职业院校酒店管理专业的必修课程，前厅是整个酒店业务活动的起点，是在酒店各部门之间起着联络、协调、分配等作用的综合性职能部门。近年来，由于中国酒店业的快速发展，行业竞争也随之增大。如何能使酒店在激烈竞争中处于不败之地，需要酒店经营者不断加强酒店部门管理，完善酒店服务质量，转变新型管理理念，突出酒店前厅形象职能、销售职能、协调职能，以及前厅在酒店经营管理中的重要作用。

本书的主要任务是讲授酒店前厅经营与管理的基础知识；培养学生从事前厅经营与管理工作必备的观念与意识；训练学生掌握酒店前厅服务的基本操作技能；形成学生从事酒店前厅经营与基层管理工作、适应行业发展与职业变化的基本能力。编者在编写本书的过程中，从实际出发，以科学严谨的态度，遵照国家标准和行业标准的要求，使本书具有实用性、科学性和可操作性。

本书由郑州旅游职业学院负责前厅运行与管理教学工作的老师负责编写，具体分工是第 1 章由李俊编写，第 2 章由张利编写，第 3 章、第 4 章由定琦编写，第 5 章、第 9 章由张丽编写，第 6 章、第 7 章由周娟编写，第 8 章由武瑾编写；全书由李俊统稿。

由于编者水平有限，加之时间仓促，书中疏漏与不当之处在所难免，恳请读者批评指正。

编　者

2013 年 2 月

目　录

1 前厅概述

内容概要

1. 前厅基础知识
- 前厅的定义；
- 前厅的主要任务；
- 前厅的地位和作用；
- 前厅服务的特点。

2. 前厅组织机构
- 前厅组织机构设置原则；
- 前厅组织模型；
- 前厅岗位设置。

3. 前厅布局与环境
- 前厅的布局；
- 前厅的环境。

4. 前厅员工素质要求
- 基本素质；
- 能力要求。

学习目标

（1）了解前厅的地位、作用及主要任务。
（2）了解前厅各岗位的基本职能。
（3）对酒店大堂与总台的环境布局有基本认知。

前厅是酒店核心区域之一，是酒店的门面，也是酒店文化的展示窗口。它既担负着宾客进出酒店的集散地功能，又是酒店对客服务的枢纽。

案例赏析

一位常客提着行李走到前台时，还没有等他开口，接待员微笑着向他打招呼："张先生，您好！欢迎您再次光顾本酒店，一路辛苦了！"张先生心生满意，由于前台工作人员的热情服务，使他产生一种强烈的亲切感，旧地重游如回家一样。

还有一位客人即将离开酒店大门时，前台接待员小姐突然准确地叫出："李先生，前台有您的电话。"这位客人又惊又喜，感到自己受到了重视，受到了特殊的待遇，不禁顿生自豪感。

[评析]：学者马斯洛的需要层次理论认为，人们最高的需求是得到社会的尊重。自己的名字为他人所知晓就是对这种需求的一种很好地满足。

在酒店行业中，主动热情地称呼客人的名字是一种服务的艺术，也是一种艺术的服务。酒店前台人员记住客人的房号、姓名和特征，借助敏锐的观察力和良好的记忆力，做出细心周到的服务，使客人留下深刻的印象，继而口口相传，做好酒店的义务宣传员。

1.1 前厅基础知识

前厅是客人抵达、离开酒店的必经之路，直接影响了客人对酒店的第一印象与最终印象。前厅是酒店业务活动的中心，是客人与酒店联络的纽带。客人通过前厅预订客房、登记入住，享受各种礼宾服务。而前厅则通过收集宾客的各种信息建立客史档案，为宾客的再次光临做好准备，同时将信息传递到酒店的其他各部门，为客人提供更加完美的服务。

1.1.1　前厅的定义

前厅又称大厅、大堂，是指进入酒店大门后到酒店客房走廊和餐厅等营业区域，供客人自由活动的公共区域。它是招徕并接待客人，推销酒店产品，同时为客人提供各种综合服务的部门。

知识链接

第一印象效应

第一印象是指在与陌生人交往的过程中，所得到的有关对方的最初印象称为第一印象。第一印象并非总是正确的，但却总是最鲜明、最牢固的，并且决定着以后双方交往的过程。

一位心理学家曾做过这样一个实验：他让两个学生都做对 30 道题中的一半，但是让学生 A 做对的题目尽量出现在前 15 道题，而让学生 B 做对的题目尽量出现在后 15 道题，然后让一些被试者对两个学生进行评价：两相比较，谁更聪明一些？结果发现，多数被试者都认为学生 A 更聪明。这就是第一印象效应。

无独有偶，美国总统林肯也曾因为相貌偏见拒绝了朋友推荐的一位才识过人的阁员。当朋友愤怒地责怪林肯以貌取人，说任何人都无法为自己的天生脸孔负责时，林肯说："一个人过了四十岁，就应该为自己的面孔负责。"虽然林肯以貌取人也有其可批判之处，我们却不能忽视第一印象的巨大影响作用，因而必须通过提高自身修养来整饰自己的形象，为将来的成功奠定基础、搭好台阶。

1.1.2　前厅的主要任务

前厅的工作任务贯穿宾客抵离店的全过程（图 1.1）。

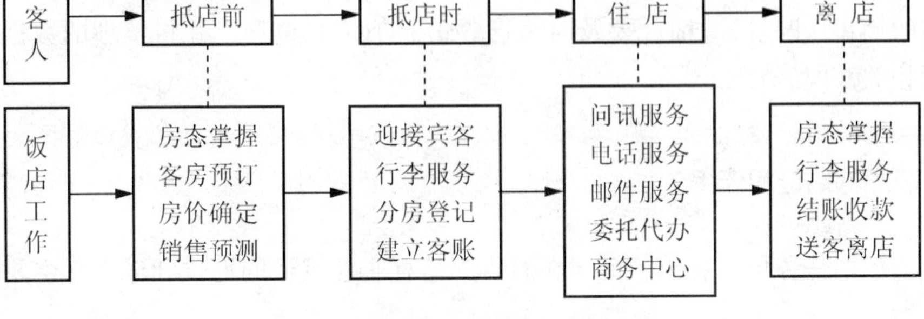

图 1.1　酒店前厅对客服务工作流程

它的主要任务有以下几方面。

1. 销售客房

销售客房是前厅的首要任务。客房收入是酒店经营收入的主要来源。客房的营业收入一般要占酒店总营业收入的40%～60%，而且客房初建时投资大，但耐用性强。在一次销售后，经过服务人员的重新整理后又可以重复销售、获取收入。因此客房运行中，其成本和费用较低，部门利润率较高。前厅通过参与酒店的市场调研和市场预测，合理调整客房价格，积极销售客房产品，为酒店增加经营收入。

2. 接待客人

前厅不仅要接待住店客人，为他们办理住店手续和分配房间等，而且还要接待所有到店的宾客。这些宾客有可能成为酒店的潜在宾客，如果前厅工作人员能够热情周到地做好服务工作，这些潜在的宾客将会成为酒店的形象宣传员，为酒店形成良好的口碑效应。

3. 提供综合对客服务

前厅除了开展客房预订、销售客房产品、协调各部门对客服务外，还要为客人提供包括迎宾送客、行李服务、贵重物品保管、问讯服务、结账收款及委托代办等多种综合性服务项目。

4. 处理宾客账目

前厅收银处的基本工作是管理宾客账单，包括建立宾客账户、登账和结账等工作。前厅部必须及时、准确地整理宾客消费账单，迅速、准确地为宾客办理结账离店手续。

5. 收集、整理及传递经营信息

由于前厅每天接触大量信息，包括酒店经营的外部市场信息（旅游业发展现状、国内及世界经济信息、宾客的消费心理、人均消费水平、年龄构成等）和内部管理信息（如开房率，营业收入及宾客的投诉、表扬，客人的住店、离店、预订，以及在有关部门的销售情况等）。前厅要及时将这些信息加工、整理，并将整理的数据、报表传递到相关部门。

1.1.3 前厅的地位和作用

从前厅的任务可以看出，前厅在酒店中具有非常重要的地位和作用，主要表现为以下几方面。

1. 酒店的营业窗口，体现酒店总体服务水平

前厅处于酒店接待工作的最前沿，是酒店的门面和窗口。对于宾客及社会公众形象形成深刻的第一印象和酒店的整体印象起着重要作用。有一位顾客曾经说过：“每当我们走进一家旅游酒店，不用看它的星级铜牌，也不用问它的业主是谁，凭我们四海为家的经验，通常就可以轻而易举地知道这家酒店是否是合资酒店，是否外方管理及大致星级水平……”正是从这个意义上讲，有人把前厅誉为酒店的营业窗口。通过酒店大堂的建筑布局、色彩氛围等，体现酒店的星级、特色及追求的文化品位，而且前厅服务人员的精神面貌、仪容仪表、言谈举止、办事效率、服务态度等，都决定了客人进店后是否愿意购买酒店产品。所以，前厅是酒店的营业窗口，体现了酒店总体服务水平。

2. 酒店的销售渠道，提高酒店的经济效益

前厅是酒店产品销售的重要渠道。一方面，前厅负责向散客推介酒店的客房产品，虽然前厅销售的客房数量要远低于市场营销部，但是散客购买的价格往往要比团队价高，因此为酒店增加了经济效益。另一方面，前厅还可以借对客服务的机会向宾客推销酒店的餐饮、酒吧、商场、康乐等部门的产品，为酒店其他产品的销售提供推介功能。

3. 酒店的信息中心，沟通各部门对客服务

前厅是酒店的信息中心，它搜集、整理、汇总了关于宾客的大量信息。通过信息的处理和传递，既可以帮助酒店管理者进行科学经营决策，又可以为各部门提供宾客特点及需求，使酒店各部门服务工作更具针对性，提高宾客的满意度。

4. 酒店的安全屏障，保障酒店经营安全

前厅通常是酒店住客或访客进出酒店的主要通道，前厅工作人员要在做好本职工作的同时，细心观察每一位进出人员，对行踪可疑或利用客房的隐蔽性从事违法活动的人员要提高警惕，为酒店把好安全关。前厅员工要管理好客房钥匙、客人寄存的物品及贵重物品，保证住店客人的人身和财产安全，做好酒店的安全屏障，为酒店经营提供一个安全环境。

案例赏析

傍晚，某四星级酒店总台的电话铃响了，新上岗的服务员小李随手拿起了电话：“你好，××酒店，请问有什么可以为您服务吗?”电话那头传来一位先生的声音：“你好，我有位亲戚，是美籍华人，他告诉我住在你们酒店，你能帮我查一下吗?”“好的，您稍等……先生您好，我们酒店今天就入住了一位美籍华人张先生，住在8215房间，不知您找的是他吗?”“是的是的，太感谢你了。”“没关系，乐意为您服务。”

半小时过后，总台的电话再次响起，小李再次迅速拿起电话：“您好，××酒店，请问有什么可以为您服务吗?”“你好，我是8215房间的张先生，我有件事情拜托你一下。我现在在公司开会，我侄子一会儿去酒店找我，可我会议没有结束，不能离开，请你安排他进我房间等我，谢谢。”“好的，您放心，我一定会安排。”

不多会儿，前台来了位帅气的小伙子，自称是8215房间张先生的侄子，特意来拜访叔叔。接待他的恰好就是接电话的小李，于是小李赶紧联系房务中心，特别强调客人留言要求开门。房务中心的工作人员未经核实，就把房间打开了……

晚上，当8215房间的张先生返回酒店后，发现房间内的笔记本电脑、数码照相机及密码箱不翼而飞了。

思考：此案例中，究竟哪里出错了?

1.1.4　前厅服务的特点

前厅服务是酒店服务的重要组成部分，服务作为一种产品进行销售，具有与其他产品所不同的特殊性，主要特点表现如下。

1. 服务过程短暂，内容庞杂

前厅对客服务的各项内容过程通常较短。例如，国内很多酒店要求为客人办理入住登记手续时间不能超过2分钟。有时前厅对客服务就是一个微笑、一通电话、一声问候而已。虽然服务的时间短暂，但是服务内容庞杂。因为前厅作为酒店服务的窗口和信息中心，宾客的多种服务需求常常希望通过前厅得以解决。例如，前厅的问讯处、委托代办处及大堂副理等岗位，他们所解决的服务内容往往超出了前厅的岗位职责，但若能妥善解决宾客的各种需求，就能够为酒店赢得良好口碑和回头客。

2. 服务对象复杂，方式灵活

前厅面对的宾客不仅仅是住店客人，还包括所有出入酒店的宾客。这些服务对象来自不同国家、不同地区、不同民族、不同宗教信仰、不同政党团体、不同年龄和性别、不同教育背景和文化背景，因此决定了前厅的服务对象复杂。针对不同宾客服务方式也应该因人而异、灵活对待。准确预测宾客的服务需求，有针对性地提供个性化服务。

知识链接

个性化服务

个性化服务是一种有针对性的服务方式，根据用户的设定来实现，依据各种渠道对资源进行收集、整理和分类，向用户提供和推荐相关信息，以满足用户的需求。从整体上说，个性化服务打破了传统的被动服务模式，能够充分利用各种资源优势，主动开展以满足用户个性化需求为目的的全方位服务。

个性化服务通过四种形式来表现。

（1）一般个性化服务：即只要客人提出要求，就尽最大的可能去满足客人。这些个性化服务在技术上要求不高，只要求员工具备积极主动为客人服务的意识，做到心诚、眼尖、口灵、脚勤、手快。

（2）突发服务：客人并不是原有需求，但在住店期间发生了需解决的问题，需要酒店帮助，如果此时服务准确到位，客人将永远难忘。

（3）针对性服务：该服务也不一定高档，但要求服务员有强烈的服务意识，想客人所想，有时甚至要站在客人的立场上看问题。

（4）委托代办服务：指客人本人由于各种原因无法亲身办理而委托酒店办理的事情。

3. 服务标准弹性大，难以量化

由于前厅服务内容庞杂、服务对象复杂、服务方式灵活，因此在制定服务标准时难以量化和细化，只能规定最基本的服务程序和步骤，但在执行过程中则需要依赖前厅服务员具有较高的素质、较强的应变能力和出色的服务意识，从细节入手，关注顾客需求，一切以顾客为中心，提供高质量的服务。因此在日常工作中要加强服务人员的培训，提高服务人员的综合素质。

知识链接

细节的实质

看不到细节，或者不把细节当回事的人，对工作缺乏认真的态度，对事情只能是敷衍了事。这种人无法把工作当做一种乐趣，而只是当做一种不得不受的苦役，因而在工作中缺乏工作热情。他们只能永远做别人分配给他们做的工作，甚至即便这样，也不能把事情做好。而考虑到细节、注重细节的人，不仅认真对待工作，将小事做细，而且注重在做事的细节中找到机会，从而使自己走上成功之路。

日本历史上的名将石田三成未成名之前在观音寺谋生。有一天，幕府将军丰臣秀吉口渴到寺中求茶，石田热情地接待了他。在倒茶时，石田奉上第一杯茶是大碗的温茶；第二杯是中碗稍热的茶；当丰臣秀吉要第三杯时，他却奉上一小碗热茶。

丰臣秀吉不解其意，石田解释说："这第一杯大碗温茶是为解渴的，所以温度要适当，量也要大；第二杯用中碗的热茶，是因为已经喝了一大碗不会太渴了，稍带有品茗之意，所以温度要稍热，量也要小些；第三杯，则不为解渴，纯粹是为了品茗，所以要奉上小碗的热茶。"

丰臣秀吉被石田的体贴周到深深打动，于是将他招入自己的麾下，使得石田成为一代名将。

机会隐藏在细节之中。当然，做好了这些细节，未必能够遇到如此平步青云的机会；但是如果不做，就永远也不会有这样的机会。

1.2 前厅组织机构

酒店各部门组织机构是履行管理职能，开展经营活动，完成酒店下达计划任务的一种组织形式。科学合理的组织机构是有效开展经营管理和服务工作的组织保证。

1.2.1 前厅组织机构设置原则

前厅组织机构设置要根据酒店类型、规模、星级、特点、管理方式、地理位置、客源构成、每个工种应有的营业时间、管理层次、每个工种及相关工种的职责范围、客人需求变化等因素，以分工明确、组织合理为原则适当地配备。前厅组织结构设置应考虑以下原则。

1. 满足酒店经营需要

前厅的机构设置应该从酒店实际出发，考虑酒店的性质、规模、地理位置、经营特点及管理方式等影响因素，不能生搬硬套。例如，经济型酒店属于有限服务酒店，为节约经营成本，很多服务内容是需要宾客自助的，因此在岗位设置时就可以取消行李员的岗位，不应照搬综合服务酒店的大而全的岗位设置。

2. 机构精简、高效

前厅机构设置要防止机构臃肿、人浮于事的现象。尽量减少不必要的人员浪费，做到“因事设岗”，而不能“因人设事”、“因人设岗”。同时提高单位时间工作效率，打造“一专多能、一岗多能、人尽其才、时尽其用”的高效团队。

3. 分工明确，统一指挥

前厅机构设置要明确各岗位职责及工作内容，明晰上下级隶属关系，规范信息传达的渠道和途径。这样可以有效地督导日常工作，分层负责、责权分明，做到既统一指挥、步调一致，又能充分发挥各级人员的积极性，提高工作效率。

1.2.2　前厅组织模型

酒店规模大小不同，组织结构的设计也不同。规模越大，管理层次相对越多，通常采取经理—主管—领班—员工四级管理层次，小酒店则可以省去主管，采用三级管理层次。管理层次扁平化是组织机构的发展趋势，可以提高沟通和管理效率，降低管理费用。以下是不同规模酒店前厅组织机构模型。

1. 大型酒店前厅组织机构模型

大型酒店前厅组织机构模型（图 1.2）。

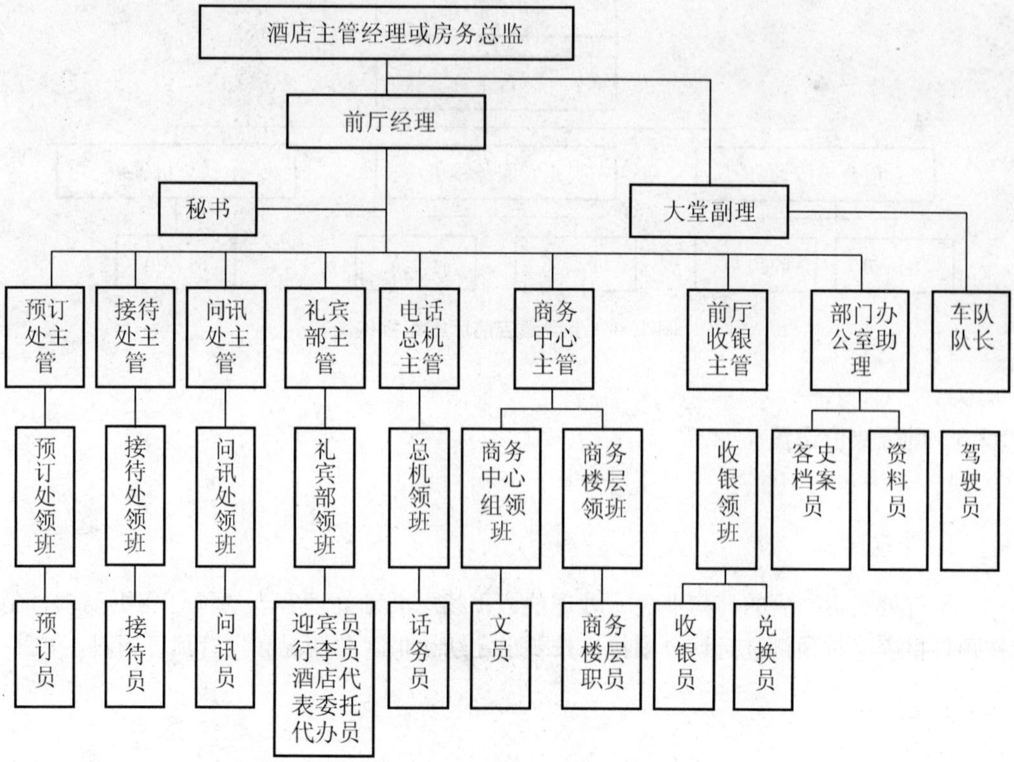

图 1.2　大型酒店前厅组织机构图

2. 中型酒店前厅组织机构模型

中型酒店前厅组织机构模型（图 1.3）。

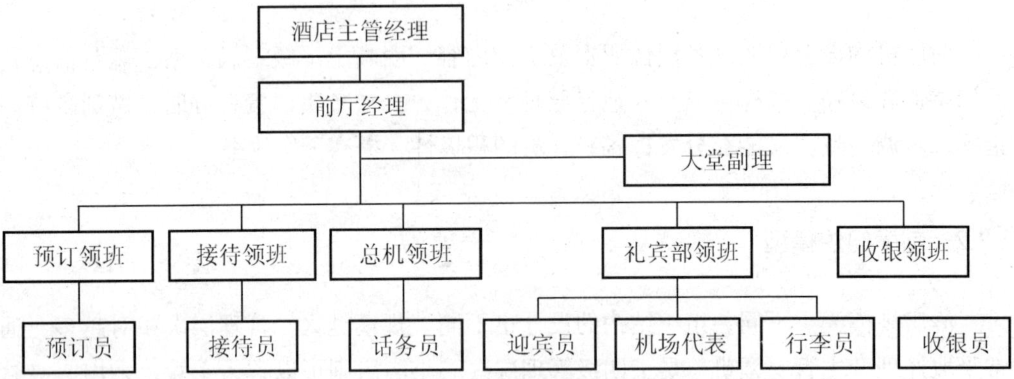

图 1.3　中型酒店前厅组织机构图

3. 小型酒店前厅组织机构模型

小型酒店前厅组织机构模型（图 1.4）。

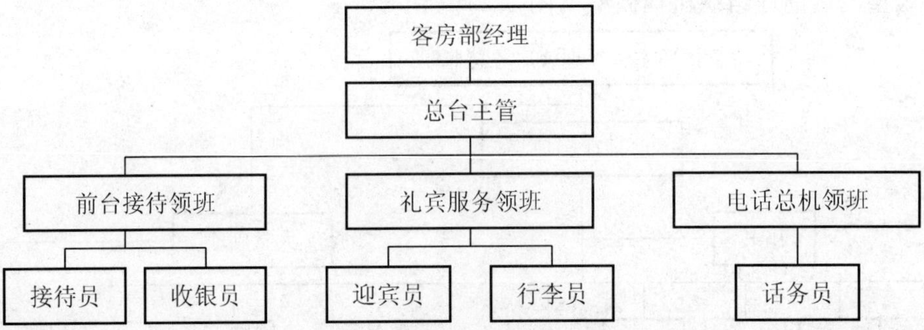

图 1.4　小型酒店前厅组织机构图

1.2.3 前厅岗位设置

1. 预订处

预订处负责酒店的订房业务，办理预订手续。准确处理客人的预订变更要求，制作预订报表，对预订进行计划安排，按要求定期预报客源情况和保管预订资料。

2. 接待处

接待处接待抵店客人，为客人办理入住登记手续，合理分配房间。掌握住客动态及信息资料，控制房间状态；制作客房营业日报表等相关资料。

3. 问讯处

问讯处回答客人问询，接待来访宾客，处理客人邮件、留言及保管客房钥匙。

4. 收银处

其业务直接归属于酒店财务部，其他方面则由前厅负责管理。负责建立客账，累计客账，办理宾客的结账手续，处理住客信贷和夜间审计工作，提供外币兑换业务及贵重物品保管等服务。

5. 礼宾部

礼宾部负责在酒店门口、机场、码头和车站等迎送宾客；负责宾客的行李运送、寄存及保管；运送宾客行李至宾客房间，并介绍客房设施及酒店服务项目；代客召唤出租车；协助管理和指挥门厅入口处的车辆停靠，确保畅通和安全。

6. 电话总机

电话总机负责接转电话，承办国内外长途电话业务；提供叫醒服务、店内传呼服务及代客留言服务；在遇到紧急情况时，充当临时指挥中心等。

7. 商务中心

商务中心为宾客提供会议室出租服务、传真、复印、打字服务，商务秘书服务，也提供翻译及商业信息查询服务。

8. 大堂副理

大堂副理也称“大堂值班经理”。负责协调酒店对客服务、处理宾客投诉、维护宾客生命及财产安全等事项。

1.3　前厅布局与环境

前厅面积大小取决于酒店类型、星级和规模，应与客房数相适应。设计时应该注意：前厅面积应满足需要，合理设置；前厅空间高度与面积比例协调，利于环保，舒适度高。

1.3.1　前厅的布局

前厅的布局应合理、规范，既要符合顾客的心理需求，又要方便服务人员操作使用，兼顾酒店经营与管理的需要。

1. 前厅布局的基本原则

1）效用成本原则

前厅的布局应首先考虑效用成本原则，不要盲目追求空间的气派、宏伟，还要考虑投资效益。应当满足酒店在接待休息、人流集散、商务服务等功能的需求。通常前厅面积应与酒店的客房间数成一定比例，为0.4~0.8平方米/间。过分高大宽敞的空间不仅浪费了空间面积，而且增加了制冷和制热过程中的采暖负荷，造成能源浪费，增加酒店的经营负担。

2）功能分区原则

前厅的布局应将各功能区域划分明确。前厅常见的功能区域有正门入口处、服务区域、管理区域、休息区域、公共卫生间及营业区域等。宾客通往酒店各功能区域的通道和空间应减少障碍，保持通畅，强化导向功能。

3）美观独特原则

前厅布局设计要美观、典雅、庄重。既要彰显酒店的星级、民族、区域、规模特色及经营风格，又要让宾客喜欢、赏心悦目。例如，前厅的浮雕、挂画、中心艺术品及装饰品等应与酒店文化装饰设计风格相一致，格调、色调协调统一，起到营造氛围、提升艺术感染力的作用。

4）绿色环保原则

节能减排、绿色环保是星级酒店的社会责任，按照国务院公布的《节能减排方案》，星级酒店应根据自身硬件、环境现状、服务产品和客源市场的结构，在不降低对客服务质量、舒适度，以及保证员工良好工作环境的前提下，做好前厅布局设计的工作。

知识链接

香港半岛酒店的开放式大堂

香港半岛酒店的开放式大堂服务设计，使酒店的大堂从酒店开业起就成为许多航空公司和旅行社的服务基地，也曾作为机场出港登记处。现在，它的大堂已成为商人洽谈生意，新闻界收集信息，社会名流聚会、闲坐、聊天消磨时光的好场所。酒店大堂就如一块磁铁，将天涯海角的客人源源不断地吸引进来，使其一年的总营业收入中几乎有25%来自经常惠顾的忠实客人。可见，大堂设计的独特品位与特有的经营理念，以及精美的饮食、细致高雅的服务，并为客人带来实际利益等是该酒店赢得大批海内外忠诚客人的秘诀所在。

2. 前厅布局与功能

1）酒店入口处和酒店大门

酒店入口处和大门是整个酒店的形象，设计美观、科学将会给客人留下良好的第一印象。入口处设计时应考虑以下因素。

(1) 酒店入口处的车流和人流线路应互不干扰。酒店门前的交通路线应清楚明确，尤其是内部车流不应对城市交通道路造成太大的干扰。否则，极易导致客人出行不便，车行线路不畅。例如，某家酒店的入口处正中设计成大台阶，客人需拾级而上，而该酒店的门前车行坡道与广场入口刚好反向，车辆必须在门前广场上绕行一圈后才能驶进坡道。因为坡道里侧隔离出不足一米的宽度让步行客人行走，结果由于坡道过于狭窄，导致酒店门前车辆常会拥堵。若能将酒店人流、车流较集中的多功能厅、宴会厅、餐厅等入口单独设置，则有利于保持良好的交通状况。

(2) 酒店入口处的车行路线安排应考虑右行车线。我国实行的是右线行驶制，且汽车的驾驶舵在左侧，为使车右侧靠近大门，便于前厅迎宾员为客人提供拉门服务，酒店的入口处、地下停车库的坡道入口位置，以及门前广场的车行线路安排等，均应考虑右行车线。

(3) 酒店入口处的设计应力求宽阔，确保人流、车流顺畅通行。酒店门前的停车道至少应能平行停放两辆甚至三辆车，以便在出入店高峰时迅速接待乘车客人，切忌因追求气派而设计成高台阶、大坡道。

(4) 酒店门前应考虑设置足够数量的停车位。由于城市土地十分宝贵，酒店解决停车位问题往往是从地下找出路。而地面停车位也应设计，因为毕竟会有部分客用大轿车和出租车不能进入地下层。通常酒店考虑每100间客房设置车位25~45个，其中1/4~1/3应设置在地面上，解决地面停车的问题。

2）酒店大门和客流路线

酒店大门的外观设计要与酒店等级、经营特色、气候条件及文化背景密切相符。功能上要求防风、防雨、减少能源损耗。酒店大门通常由正门和边门构成。正门有推门、旋转门、自动门等类型，使用玻璃门可提高酒店的采光效果。但要注意安装要牢固，防止玻璃落下碰伤客人。玻璃门要贴上醒目的中英文及图形明显标志。

酒店大门前应有雨篷、车道，车道的宽度不少于4.5米。正门若设台阶的话，应在台阶旁设专供残疾人轮椅出入的坡道，坡道的宽度应不少于2.5米，坡度不超过12°，以方便客人出入酒店。正门口应铺设一块地毯，既可以防滑又可以保持大厅的清洁。边门旁应设置伞架，供客人存放雨伞。

客流路线是指酒店大门到达酒店各功能空间所形成的路线。在设计时应尽量避免服务流线、物品流线及宾客流线交叉。

3）服务区

前厅对客服务区以总服务台（以下简称总台）为主，主要包括总台、行李处等。

（1）总台的位置：理想的总台应使站立的员工既能够清楚地观察到整个大堂及电梯、各出入口的基本情况，又能使客人容易看到。通常设置在大门正对的位置或侧面，既便于服务也便于管理。

（2）总台的尺寸：应根据酒店的工作需要及前厅面积大小、客房数量的多少等因素来确定。总台一般设计成两层重叠的工作面，外层高度为110厘米左右，台面宽度应限于65~80厘米；内层为员工操作台，台面高度为80厘米左右，柜台内侧与墙面之间，通常应有1~1.5米的距离，供接待员活动或摆放工作文件之用。

（3）总台的形状与布置：通常总台形状选用长排水平式柜台（如图1.5），对客服务的面积和长度比较大，因而工作效率较高。若将总台设置到酒店大堂的一角，可以选择L形柜台（图1.6），与墙平行。目前，很少有酒店会选择圆形或半圆形总台，因为这样既占用了大堂大量空间，又在服务上对客人造成不便。

图1.5　长排水平式柜台

图1.6　L形柜台

总台从外层台面到内层工作台面之间，可用于存放工作用品及电脑、打印机和扫描仪等，工作台下可用于保存文件、资料，也可用于设置钥匙架及留言和信件架。总台上方悬挂的功能标牌，如接待、问讯、收银等，应让宾客一目了然，一般以10厘米大小的字体挂在2米左右的高处比较合适。星级酒店的总台提供国际时钟、日历、天气预报、外币汇率牌等内容，方便住店宾客。

知识链接

总台的必备项目要求

——2010版旅游酒店星级的划分与评定

一星级：设总台，并提供客房价目表及城市所在地的旅游交通图等相关资料。

二星级：应有与酒店规模相适应的总台，位置合理，提供客房价目表及城市所在地的旅游交通图、旅游价格等相关资料。

三星级：应有与接待规模相适应的前厅和总台，装修美观，提供酒店服务项目资料、客房价目等信息，提供旅游交通、旅游资源信息、主要交通工具时刻等资料，提供相关的报刊。

四星级：设总台，位置合理，接待人员应24小时提供接待、问讯和结账服务。并能提供留言、总账单结账、国内和国际信用卡结算及外币兑换等服务。

五星级：总台位置合理，接待人员应24小时提供接待、问讯和结账等服务。并能提供留言、总账单结账、国内和国外信用卡结算及外币兑换等服务。

行李寄存服务应设置在酒店前厅合理区域内。一星级、二星级酒店可不设置专用行李房，可在前厅总台附属区域内，如总台办公室等处设置行李寄存处，配置必要的寄存设施。

4）管理区

管理区主要指的是大堂副理办公席。大堂副理代表酒店总经理接受及处理客人对酒店内所有部门的一切投诉，因此岗位非常重要。由于工作的特殊性，大堂副理的办公席和工作位置不能过于显眼，也不能过于偏僻，通常设置在离总台或酒店大门不远的地方，视野开阔，不受干扰。办公席需要一张办公桌和若干座椅，供办公和接待客人使用。工作台上物品不可过多，一部电话、一盏台灯、一个坐席标志，还可放上一盆鲜花作为装饰，台面保持整洁干净。

5）休息区

前厅非经营区宾客休息场所主要供酒店内宾客短时间等待、休息或交流使用，位置合理的宾客休息场所能够起到疏导、调节前厅人流的作用。四星级、五星级酒店的宾客休息场所应设在前厅非经营区域，服务设施应满足宾客短时间就座休息（图1.7）。休息区的座位数量不宜过多，按每15个房间1个座位的比例进行配备。

图 1.7　大堂休息区

6）公共卫生间

公共卫生间要有中英文及图形明显标志，不设在前厅的主要区域，避免外人直视。装饰材料应与大堂的规格与质地协调，光线充足，提供背景音乐。卫生间内要宽敞、卫生、无异味，各种用品如手纸、面巾纸、香皂、干手器、小毛巾、擦鞋器等要一应俱全（图 1.8）。

图 1.8　大堂卫生间

7）营业区

酒店前厅是酒店主要的服务集中地，也是客人进出酒店的主要通道。为了能够为宾客提供全面的服务项目，提高酒店的经济效益，很多酒店在前厅区域设有各种营业项目，如商务中心、商场、票务中心等。商务中心配备的主要设备有宽带上网的电脑、复印机、传真机、打字机、电话等，提供办公桌椅和休息用沙发。商场随酒店等级不同，规模也不同。在设计上应与前厅整体风格协调统一。

知识链接

高档装修材料的特点

中华人民共和国国家标准 GB/T 14308—2010《旅游饭店星级的划分与评定》要求四星级、五星级酒店前厅内外装修应采用高档材料，符合环保要求，工艺精致，整体氛围协调。

高档装修材料通常指天然材料或高科技人工材料，一般具有以下特点。

(1) 从力学性质看，强度、硬度、耐用性较高。

(2) 从与水有关的性质看，吸水性、吸湿性、耐水性、抗冻性强。

(3) 从热物理性看，热容性、耐急冷急热性、阻燃性、耐火性高。

(4) 从声学性质看，吸声性、隔声性强。

(5) 从光学性质看，表面平滑、光泽度高。

(6) 从使用性看，耐久性、耐玷污性、易洁性强。

(7) 从环保性看，无毒无害、无污染、无放射性。

(8) 从装饰性看，质感、纹理、形状和色彩有机结合，达到丰富空间层次、美化空间的效果。

1.3.2 前厅的环境

前厅区域作为酒店的核心与窗口，要利用一切建筑或装饰的手段，创造一个亲切、宜人、欢悦、静逸，具有文化气韵的幽雅环境。

1. 光线

前厅内要有适宜的光线，能使客人在良好的光线下活动，使员工在适当的光照下工作。前厅内最好吸入一定数量的自然光线，同时配备层次、类型各不相同的灯光，以保证良好的光照效果。过于明亮的光线，会使人的眼睛过分紧张，产生头晕目眩等不舒适的感觉，影响员工的工作效率；过于昏暗的光线，不易使员工和客人彼此看清对方的面部，也不利于准确办理入住及离店手续。白天，客人从大门外进入大厅，是从光线明亮处来到光线昏暗处，如果这个转折过程过快，客人会很不适应。所以，在设计光照时，灯光的强弱应逐步变化，可采用不同种类、不同层次、不同照明方式的灯光，配合自然光线，达到使每位客人的眼睛都能逐步适应光线明暗变化的要求。通常总台的照明度要高，自然采光照度应不低于 100 勒克司，灯光照度不低于 50 勒克司。

例如，某酒店总台接待处，其灯光设计格外明亮，形成良好的导向性，既具有实用性，又对大堂空间的艺术意境起到调节作用。也有些酒店在总台外侧下部，有意布置暗灯带，以产生独特的空间感，衬托出大堂的明亮宽敞。

2. 色彩

在前厅装饰中科学、艺术的运用色彩，表达特定的情感元素，营造浓郁的酒店氛围，可以刺激消费者的心理感受和提升消费体验。前厅一般主色调宜采用浅暖色调，以较深的近似色的艺术品和家具点缀，形成高雅、明亮、宽敞、富丽，且温馨、舒畅的气氛。前厅色彩不宜过于零碎和多样，也不宜采用过多的金属色。

例如，某酒店将色彩明快的万国旗与红灯笼作为大堂共享空间的装饰吊件，于是改变了原空间的空旷感与坚硬感，使整个大堂环境变得活泼、丰富。

3. 温度、湿度及通风

前厅要有适当的温度和湿度。前厅内的温度冬季应保持在20~24摄氏度；夏季应保持在22~24摄氏度；相对湿度应保持在40%~60%。前厅内人员集中、密度大、耗氧量大，如通风不畅，会使人感到气闷、压抑。因此，应该使用性能良好的通风设备以改善大厅内的空气质量，使之适应人体的要求。

4. 声音

前厅通常离大门外的闹市区或停车场较近，人员活动频繁，车辆噪声不断。大厅内的说话声、电话铃声等，声源杂、音量大。若噪声超过人体感觉舒适度，会使人烦躁不安，易于激动、争吵、出错，员工工作效率降低。有效控制噪声，保持大厅宁静的方法有以下几种。

（1）大厅的天花板、墙面使用隔声及吸引性材料；大厅内设施设备的使用和装饰美化的设计都应注意防止噪声。

（2）对团队、会议等大批客人要尽快安置，尽快把人群从大厅疏散。

（3）酒店员工要养成说话轻、操作轻、走路轻的职业习惯，禁止在大厅内大声喧哗。

（4）播放背景音乐也是防止噪声及工作单调感的有效措施，背景音乐的音量要保持在令人轻松愉快的程度，并且不影响宁静的大厅气氛，故以5~7分贝为宜。

5. 绿化

为适应客人的精神需求、创造舒适宜人的气氛，在现代酒店建筑空间中，会布置绿化，以各种植物和水体象征田园风光、自然景色，组成轻松而富有情趣的绿色环境，传递季节、气候、地理及历史传统和文化特征等信息，令人赏心悦目。前厅在布置绿色植物、花卉时应摆放得体，插花有艺术感，使宾客感到自然舒适。

1.4　前厅员工素质要求

在酒店各部门里，前厅服务人员的素质与能力要求是比较高的。前厅是酒店的窗口部门，只有高素质的员工，才能向客人提供满意的服务，维护酒店的总体形象。

1.4.1　基本素质

1. 品行与职业道德

前厅工作人员一定要有良好的品行与职业道德，善良、正直、富有同情心。正确认识服务工作，真诚面对每一位宾客，勤奋好学、谦虚谨慎，具有创新精神和旺盛的求知欲。

2. 形象与性格

前厅工作人员要求仪表端庄、仪态得体。性格开朗、活泼，乐于助人。良好的外部形象和开朗的性格会增加员工的亲和力，使客人在感官上获得愉悦的感觉，为酒店产品的销售增添砝码。

3. 身体素质与心理素质

由于前厅的工作需要连续 8 小时的站立和持续不断地对客沟通，因此需要员工具有良好的身体素质，精力充沛。同时应该具备良好的心理素质，善于控制自己的情绪，调整自己的心理，积极乐观地处理工作。

4. 知识面广

前厅工作人员应该具备较广的知识面及丰富的专业知识。对历史、地理、气候、金融、本地风景名胜、交通、外国风俗及宗教等方面的知识有较全面的了解。触类旁通、举一反三，理性应对客人的询问，保证优质服务。

1.4.2　能力要求

1. 人际协调能力

酒店是直接与人打交道的行业，前厅员工几乎时时刻刻都在与形形色色的客人打交道。拥有较强的人际协调能力，与同事、客人、上下级处理好人际关系，相互理解、相互包容、相互合作，以顺利完成工作。

2. 应变能力

酒店客人性别、国籍、地域、年龄、职业及受教育背景等各不相同，因此客人的需求差别也较大，服务人员应具有较强的应变能力，有针对性地为客人提供个性化服务，使客人满意。

3. 沟通能力

前厅员工需要有良好的语言沟通能力。首先，具有良好的汉语表达能力与理解能力，普通话发音应准确、音质好、语音圆润动听；其次，熟练地掌握一门以上的外语，并在听、说、读、写各方面达到相应的水平；最后，在沟通的过程中要讲究说话的艺术和技巧，能让客人心悦诚服、心情愉快地购买酒店的服务产品。

案例赏析

一天，内地某宾馆一位美国客人到总台登记住宿，顺便用英语询问接待服务员小杨："贵店的房费是否包括早餐（指欧式计价方式）?"小杨英语才达到C级水平，没有听明白客人的意思便随口回答"It will do（行得通）"。次日早晨，客人去西式餐厅用自助餐，出于细心，又向服务员小贾提出了同样的问题。不料小贾的英语亦欠佳，只得穷于应付，慌忙中又回答了"It will do（行得通）"。

几天以后，美国客人离店前到账台结账。服务员把账单递给客人，客人一看大吃一惊，账单上每顿早餐一笔不漏。客人越想越糊涂：明明总台和餐厅服务员两次答"It will do"怎么结果变成了"It won't do（行不通）"了呢？他百思不得其解。经再三追问，总台才告诉他："我们早餐历来不包括在房费内。"客人将初来时两次获得"It will do"答复的原委告诉总台服务员，希望早餐能得到兑现，但遭到拒绝。客人于无奈中只得付了早餐费，然后怒气冲冲地向酒店投诉。

最后，酒店重申了总台的意见，加上早餐收款已做了电脑账户，不便更改，仍没有同意退款。美国客人心里不服，怀着一肚怒气离开宾馆。

4. 销售能力

前厅工作人员肩负着销售酒店产品的职责。因此，为了增加酒店的销售收入，前台服务人员需要通过各种对客机会恰当地推销酒店产品，最大限度地增加酒店的综合销售收入。要做到这一点，需要员工充分了解酒店的各种产品和服务，善于观察、分析客人的消费心理，区分不同类型客人的特点和需求，兼顾酒店和客人的利益，恰到好处地宣传、推销酒店的产品。

案例赏析

某酒店销售公关部接到一日本团队住宿的预订，在确定了客房类型和安排在10楼同一楼层后，销售公关部开具了“来客委托书”，交给了总台石小姐。由于石小姐工作疏忽，错输了电脑订房信息，而且与此同时，又接到一位台湾石姓客人的来电预订。因为双方都姓石，石先生又是酒店的常客与石小姐相识，石小姐便把10楼1015客房许诺订给了这位台湾客人。当发现客房被重复预订之后，双方客人与酒店总台发生冲突，双方均以1015房间已经被总台服务员许诺售给自己为由，拒绝调换其他房间，使酒店处于极度被动的状态。

思考：1. 该案例中，使酒店处于被动状态的主要原因是什么？

2. 如何回避可能出现的矛盾呢？

本章小结

- 一家经营成功的酒店，其服务水准定会有目共睹、有口皆碑。宾客在饭店获得的满意感受，不但使其成为回头客，而且还会向他人推荐。前厅作为酒店的营业窗口，负责建立复杂的宾客信息、协调对客服务及确保宾客对服务的满意度，责任重大，影响深远。
- 前厅组织机构的设立是否科学直接影响到该部门能否实现酒店的经营目标，因此在设立组织结构时应充分考虑满足酒店经营需要，又要做到分工明确，统一指挥，使前厅的机构尽量精简又不失高效。
- 前厅的许多功能都在总台得以完成。总台设在大堂显眼的区域，是宾客入住登记、问讯、投诉、结账离店的地方。前厅工作的有效性有赖于它的设计和布局。总台的设计和布局应使每位员工很方便地使用设备、表格，以及完成工作所必需的用品。
- 在酒店各部门里，前厅服务人员的素质与能力要求是比较高的。前厅是酒店的窗口部门，只有高素质的员工，才能向客人提供满意的服务，维护酒店的总体形象。

思　考　题

一、单选题

1. 以下选项不属于前厅工作职责范围的是（　　）。

A. 客房预订　　B. 入住登记　　C. 问讯服务　　D. 客房清扫

2. 前厅部通过（　　）带动酒店其他部门的经营活动。

A. 餐饮销售　　B. 客房销售　　C. 商品销售　　D. 公关销售

3.（　　）一般位于酒店前台的中央，是酒店的一个形象所在。

A. 接待处　　B. 大堂副理处　　C. 电梯　　D. 行李处

4. 酒店大门前应有雨篷、车道，车道的宽度不少于（　　）米。

A. 3 米　　B. 3.5 米　　C. 4 米　　D. 4.5 米

5. 前厅内的相对湿度应保持在（　　）。

A. 40%~60%　　B. 45%~65%　　C. 50%~70%　　D. 55%~70%

二、判断题

1. 前厅的首要功能是推销客房。（　　）

2. 管理层次扁平化是组织机构的发展趋势，可以提高沟通和管理效率，降低管理费用。（　　）

3. 通常前厅面积应与酒店的客房间数成一定比例，为 0.6~1 平方米/间。（　　）

4. 酒店入口处的车行路线安排应考虑左行车线。（　　）

5. 所有星级酒店必须设置行李房，方便客人存放行李。（　　）

三、简答题

1. 前厅的主要任务有哪些？
2. 前厅的地位和作用有哪些？
3. 前厅的服务特点有哪些？
4. 前厅组织机构设置的原则有哪些？
5. 前厅布局的基本原则有哪些？
6. 简述前厅的环境要求。
7. 简述前厅员工的基本素质。
8. 简述前厅员工的能力要求。

四、论述题

论述前厅工作人员应具备的素质要求。

五、实训题

某酒店大门徐徐驶来一辆出租车，迎宾员立即上前迎候客人。但是，客人久久不下车，迎宾员探身询问，发现是一位中国港商，刚到内地还未兑换人民币，而司机却不收港元。客人正处在为难之中。

如果你是迎宾员，此时应怎样去做？

2

客房预订

内容概要

1. 客房预订概述
- 客房预订的概念和作用；
- 客房的类型；
- 客房的房态；

2. 客房预订的渠道、方式和种类
- 客房预订的渠道；
- 客房预订的方式；
- 客房预订的种类。

3. 客房预订操作程序
- 班前准备；
- 预订受理；
- 填写、输入客户预订单；
- 预订资料整理。

4. 客房预订常见问题及处理
- 订房核对问题；
- 超额订房；
- 订房纠纷处理。

学习目标

（1）了解酒店预订的方式、种类和预订的渠道。
（2）了解客房种类。
（3）知道预订业务的基本流程。
（4）知道超额预订及其处理的方法。

案例赏析

某天，南京金陵饭店前厅部的客房预订员小王接到一位美国客人从上海打来的长途电话，他想预订两间每天收费在120美元左右的标准双人客房，三天以后开始住店。

小王马上翻阅了一下订房记录表，回答客人说由于三天以后饭店要接待一个大型国际会议的多名代表，标准间客房已经全部订满了。小王讲到这里并未就此把电话挂断，而是继续用关心的口吻说："您是否可以推迟两天再来，要不然请您直接打电话与南京××饭店联系询问如何？"

美国客人说："南京对我们来说是人地生疏，你们饭店比较有名气，还是希望你给想想办法。"

小王暗自思量以后，感到应该尽量勿使客人失望，于是接着用商量的口气说："感谢您对我们饭店的信任，我们非常希望能够接待像你们这些尊敬的客人，请不要着急，我很乐意为您效劳。我建议您和朋友准时前来南京，先住两天我们饭店内的豪华套房，每套每天也不过收费280美元，在套房内可以眺望紫金山的优美景色，室内有红木家具和古玩摆饰，提供的服务也是上乘的，相信你们住了以后会满意的。"

小王讲到这里故意停顿一下，以便等客人的回话，对方沉默了一些时间，似乎在犹豫不决，小王于是开口说："我想您并不会单纯计较房金的高低，而是在考虑这种套房是否物有所值，请问您什么时候乘哪班火车来南京？我们可以派车到车站来接，到店以后我一定陪您和您的朋友一行亲眼去参观一下套房，再决定不迟。"

美国客人听小王这么讲，倒感到有些情面难却了，最后终于答应先预订两天豪华套房。

［评析］：客房预订是客房销售的首要环节，酒店开展预订业务，既可以让客人的住宿需求预先得到保证，又可以更大限度地推销客房，使酒店获得最大的利润。案例中的小王在预订过程中就做到了很好的促销，一方面通过热情的服务来体现；另一方面运用了主动、积极的促销方式，最终成功售卖了酒店的豪华套房。

2.1 客房预订概述

客房预订是客房预订部的主要职责，而预订部是前厅调节和控制整个饭店房间预订、销售的中心机构，是饭店最早服务客人的窗口。预订工作的效率和质量往往成为客人对饭店形成的第一印象，甚至直接影响客人选择饭店的决策。

2.1.1 客房预订的概念和作用

客房预订是指在客人抵店前对饭店客房的预先订约，是客人与酒店预先达成的一种使用客房的协议，也称订房。客人可以通过使用电话、电传、书信等各种方式与饭店联系预约客房，饭店则根据客房的可供状况，决定是否满足客人的订房要求。客房预订最初产生于美国，自 21 世纪初，世界各国已普遍采用客房预订。目前，客房预订已成为饭店管理中一项比较先进的管理技术，具有十分重要的作用。

从客人的角度看，客房预订可以保证客人的住宿需求，特别是在旅游旺季，避免客满的风险；并且可以提前按照客人的要求布置房间，节省其宝贵的时间。

从酒店的角度看，可以事先做好迎接客人入住的准备工作，提高工作效率，保证服务质量；可以准确预测饭店未来业务，便于进行订房管理的控制工作；可以为酒店争取客源，有利于客房达到理想的出租率。

2.1.2 客房的类型

酒店客房的类型很多，不同国家、不同地区酒店的分类方法也不尽相同，可以从房间面积、设施设备、床的数量及大小、环境及位置等方面对客房进行分类，但是一般情况下每家酒店客房的分类方法相对固定，熟悉并掌握客房的类型是一名合格的预订服务人员的必修内容，也是做好预订的前提条件。

1. 按照客房床的数量和间数划分

1）单人间

单人间（Single Room）指放一张床的客房，又叫单人房，适合于从事商务旅游的单身客人使用，它是饭店中最小的客房。

2）双人间

双人间（Double Room）指在房内配一张双人床（加大的双人床），适用于夫妻客人居住，单身客人一般也会选择这类客房。

3）三人间

三人间（Triple Room）指可供三位客人同时住宿的房间；房内放置三张单人床，属经济型客房，在高档饭店很少见。

4）套间

套间（Suite Room）指放一张双人床（加大的双人床），有两间或者两间以上的客房，若在房间与客人会面、谈事情则非常方便。

2. 按照房间的位置和布局划分

1）外景房

外景房（Outside Room）的房间窗户朝向公园、大海、湖泊或森林等景致，一般客房价格较高。

2）内景房

内景房（Inside Room）的房间窗户朝向酒店内庭院的客房。

3）角房

角房（Corner Room）指位于走廊过道尽头等角落位置的客房。

4）连通房

连通房（Adjoining Room）指隔墙有门连接的客房。

5）相邻房

相邻房（Connecting Room）指室外两门毗连而室内无门相通的客房。

案例赏析

大堂副理接到某旅行社电话，要求为客人预订一间套房，大堂副理根据客人抵达日期查询电脑后，确认有房，将房间设施和价格电告对方，并请对方发传真到预订部确认。对方发来的传真预订房间的数量由一个套间变为一个套间和一个标准间，并注明两间房为连通房。大堂副理和预订员由于没有理解客人的要求，为客人订了一个套间和与套间相邻的标准间。当旅行社的客人到店入住后，发现房型与预订要求不符，提出投诉。

[评析]："在一次做一件事的时候，就把事情做好。"这是印在维也纳马里奥特饭店《品质手册》封面上的一句口号。对客服务只有保证从第一个环节到每一个环节都不出差错，才能为宾客提供优质服务。马里奥特饭店《品质手册》的封面口号或许应该对酒店服务人员有启发。案例中由于大堂副理和预订员在第一次做预订的时候，就没有弄清楚客人的预订要求，因此，导致客人到店入住后的两间房不相通。由此可见，熟悉房型并按照客人要求提供合适的房型对于预订员来说是件非常重要和最基本的事情。

2.1.3 客房的房态

客房状态即是房态，是指每间客房在一定时限内所处的状态，准确地显示和控制房态对饭店具有非常重要的意义。酒店预订员在接受预订时，一定要核对系统上的房态，这样才能给予客人准确的确认。

（1）住客房（Occupied，OCC），即客人正在住用的房间。

（2）走客房（Check Out，CO），表示客人已结账并已离开客房。

（3）未清扫房（Vacant Dirty，VD），表示该客房为空房且没有经过打扫的空房。

（4）外宿房（Sleep Out，SO），表示该客房已被租用，但住客昨夜未归的客房（为了防止发生逃账等意外情况，客房部应将此种客房状况尽早通知总台）。

（5）维修房（Out of Order，OOO），亦称病房。表示该客房因设施设备发生故障，暂不能出租。

（6）已清扫房间（Vacant Clean，VC），表示该客房已经清扫完毕，可以重新出租，亦称 OK 房。

（7）请勿打扰房（Do not Disturb，DND），表示该客房的旅客因睡眠或其他原因而不愿服务人员打扰。

（8）贵宾房（Very Important Person，VIP），表示该客房住的是饭店的重要客人。

（9）长住房（Long Stay Guest，LSG），即长期由客人包租的房间。

（10）请即打扫房（Make up Room，MUR），表示该客房住客因会客或其他原因需要服务员立即打扫的房间。

（11）轻便行李房（Light Baggage，L/B），表示住客行李很少的房间（为了防止逃账，客房部应及时通知总台）。

（12）无行李房（No Baggage，N/B），表示该房间的住客无行李，应及时通知总台。

（13）准备退房（Expected Departure，E/D），表示该客房住客应在当天中午 12：00 以前退房，但现在还未退房的房间。

（14）加床（Extra Bed，E），表示该客房有加床。

2.2 客房预订的渠道、方式和种类

客人采用何种途径进行预订，受其预订的紧急程度和客人预订设备条件的制约。因此，客房预订的途径多种多样，各有其不同的特点，不同的途径将给客人带来不同的房间价格和接待政策。

2.2.1 客房预订的渠道

客人在饭店订房通过两大渠道，一类为直接渠道，另一类为间接渠道。直接渠道是指客人不经过中介人而直接与饭店预订处联系，办理订房手续。间接渠道则是订房人由旅行社等中介机构代为办理订房手续。从饭店方面看，总是希望把自己的产品和服务直接销售给消费者，以期能获得最大利润。但由于人力、财力所限，饭店必须借助于中间商，并利用他们的网络、专业特长及规模等优势，来帮助推销饭店产品，扩大客源。除客人直接与饭店订房外，饭店客源主要来自以下几个渠道。

1. 旅行社订房

旅行社通常与饭店订有合同，负责为饭店提供客人，并按照房价的一定比例收取回扣。一般来讲，旅游者通过这种渠道在异国饭店订房较为多见。旅行社订房可以保证饭店有一定数量的稳定客源。

2. 连锁饭店或合作饭店订房

连锁饭店可以相互提供免费订房服务，这使连锁饭店在促销上具有明显优势。为了与连锁饭店竞争，一些独立的饭店之间开展了订房业务的合作，建立自己的预订网络，通过相互推荐的方式接受客人的订房要求。

3. 航空公司订房

随着航空事业的发展，由航空公司代为订房的客人越来越多。主要包括乘客、团队客人、机组人员及本公司职员外出订房等。

4. 与饭店签订合同的单位订房

为发展业务，许多商社、大商社、大公司等与饭店订有合同，为来本公司的客人或本公司职员外出预订房间。

5. 会议组织机构订房

会议组织机构在为会议客人订房时，一般还要对饭店的其他产品进行预订，主要包括会议室及会议设备、餐饮及用车等。

6. 政府机关事业单位订房

政府机关事业单位订房主要包括政府或事业单位邀请的团队、贵宾及专家学者等。

2.2.2　客房预订的方式

通常，客人采用的预订方式主要有下列几种。

1. 电话预订

电话预订（Telephone）预订指客人或其委托人使用电话预约预订。该方式较为普遍，其特点是迅速、简便，易于在客人、预订员之间的直接沟通，可使客人能根据饭店客房的实际情况，及时调整其预订要求，订到满意的客房。电话预约订房有利于预订员详细了解客人对房间种类、用房数量、房价、付款方式、抵离店时间及特殊服务等要求，并适时进行电话促销。在受理电话预订时，预订员应及时受理，绝不可让对方久等。但缺点是异地订房费用较高，同时语言水平影响沟通。

2. 传真订房

一般传真（Fax）回复及预订确认函（图 2. 1）不得超过两小时，是目前最理想的通信手段之一，其特点是能够做到方便、快捷、准确和正规，保留的传真资料可以是解决纠纷的依据，但必须要有相应的传真设备。

预订确认函

××××酒店

地址：________________

电话：________________

您对 ________________

____

____

的预订已被确认

人数：________房价：________

房间种类：________数量：________

抵达日期：________抵达时间：________

逗留的天数：________

离店时间：________结账方式：________

定金：________

预订日期：________

客户姓名：________客户地址：________

电话/传真号码：________________

注意：本酒店愉快地确认了您的订房。预订客房将保留至下午六时，迟于六时到达的宾客，请预先告知。若有任何变动，请直接与本酒店联系。

确认者：　　　　日期：

订房办公室：　　电话：

图 2. 1　预订确认函

3. 因特网预订

通过因特网（Internet）进行预订是目前国际上最先进的预订方式。该方式不仅方便预订客人，而且提高预订工作效率，能广泛争取客源，同时，能及时处理和更新预订信息。随着互联网的推广使用，越来越多的上网客人开始采用这种方便、快捷、先进而又廉价的方式进行预订。但缺点是网络信用体系不完善，预订的安全性没有得到充分保障。

4. 信函订房

信函（Mail）预订是客人或其委托人在离预期抵店日期尚有较多时间的情况下，采取的一种古老而正式的预订方式。此方式较正规，如同一份合约，对客人和饭店起到一定的约束作用，但是速度慢、不方便。

5. 面谈订房

面谈（Interview）订房指客人或其委托人直接来到饭店，与预订员面对面地洽谈预订事宜。其特点是让预订员有机会更详尽了解客人的需求，并可当面回答客人提出的任何问题，同时还能视客人的神态、表情等，洞察其心理因素，有针对性地采取相应的推销技巧进行适时销售。受理此方式时，应注意避免向客人做具体房号的承诺，否则，因情况变化而失信于客人，会影响服务信誉。缺点是容易引起交流失误和纠纷，客人必须亲自到酒店预订。

6. 合同订房

合同（Contract）订房指酒店与旅行社或商务公司通过签订合同，长期出租客房。

知识链接

国内外知名酒店预订网站

（1）携程旅行网：www. ctrip. com/

（2）艺龙旅行网：www. elong. com/

（3）中国酒店预订热线：www. hotelonline. com. cn/newindex. asp/

（4）中国酒店度假村资源网 www. one. net. cn/

（5）lohoo 酒店预订网：www. lohoo. com/hotel/

（6）HRS 酒店预订服务：www. hrs. de/

（7）香港酒店预订-澳门酒店预订：www. air160. com/

（8）Rates To Go：www. ratestogo. com/

2.2.3 客房预订的种类

酒店预订服务的方式方法多样，但总的来说可以将其归纳为四种类型的预订，即临时性预订、确认类预订、保证类预订及等候类预订。

1. 临时性预订

临时性预订（Advance Reservation）是客人在即将抵达酒店前很短的时间内或在到达的当天联系订房。订房时间与抵店时间十分相近，甚至是当天只进行口头确认，按照惯例房间保留到预订当天的18：00（取消订房时限），无须交纳订金，若超过18：00还未到达酒店，预订即被取消。

2. 确认类预订

确认类预订（Confirmed Reservation）是指饭店答应为预订的客人保留房间至某一事先声明的规定时间，客人信用较高。但如到了这一规定时间，客人仍未抵店，也无任何声明，则在用房紧张时期，饭店可将所保留的客房出租给入店（walk-in）客人或等待（walk-list）客人。通常，确认类预订的方式有两种：口头确认和书面确认。

3. 保证类预订

保证类预订（Guaranteed Reservation）指客人保证前来住宿，否则将承担经济责任，因而酒店在任何情况下都应保证落实的预订。

此类预订保留客房至抵店日期的次日退房结账时间。不仅保护了客人，使其免受超额预订的影响，而且也确保了饭店在预订客人不抵店入住的情况下仍有客房收益。保证类预订又可细分为以下三点。

1）预付款担保

预付款担保指客人通过交纳预付款，一般为所订客房的一夜房费而获得饭店的预订保证。若客人预付了一天以上的房租，但届时未取消预订而又不抵店入住，则饭店仍只收取一天房租，将余款退还客人，同时取消后几天的预订。

2）信用卡担保

信用卡担保指客人使用信用卡来担保的预订的饭店客房。宾客届时既不登记入住，又没取消预订，可通过发卡公司收取一夜房租。

知识链接

信用卡的预授权

信用卡预授权是指发卡机构或其代理机构在特约商户扣款前，确认许可冻结额度的交易。预授权会占用卡片的信用额度，当客户对预授权进行结算时，该预授权将会被取消。预授权发生后30天内，若客户没有进行结算，则该预授权将会被取消。通俗来讲，就是一种预付款方式，可以理解为“押金”。当消费者持信用卡订酒店或订机票时，银行会先冻结信用卡里一部分资金，作为商户消费的“押金”，在完成消费后，经持卡人签字确认即预授权确认，商户才能正式扣掉这部分资金。

一般在做预订的担保和为客人办理入住手续时，做的是信用卡的预授权，这样比较方便也少了很多麻烦事，只有在客人正式退房时才会做信用卡的消费。预订担保的金额即押金一般是一晚上的房费，而入住时的押金是总房费的1.5倍左右，方便客人在酒店其他场所的消费，不用现结账。

3）合同担保

合同担保指饭店同经常使用饭店设施的客户单位签订合同以担保预订。合同内容主要包括签约单位的账号、地址，以及同意为因失约而未使用的订房承担付款责任的说明。同时，合同还应规定通知饭店取消的最后期限，如签约单位未能在规定的期限通知取消，饭店则可以向对方收取房租等条款。

4. 等候类预订

等候类预订（Waiting Reservation）指考虑到预订的取消、变更等情况，在客房预订已满的情况下，再将一定数量的订房客人列入等候名单（Waiting List），对这类客人，饭店不发确认书，只是在有其他客人取消预订或提前离店等情况下，给予优先安排。

案例赏析

某日下午6时前，一位客人找到大堂副理，说“我是从美国来的史密斯”，客人显得有些生气的样子做自我介绍，原来，这位客人在3天前给饭店客房预订部打过电话，要求预订一间高层向阳的标准间，当时预订部人员按客人要求为其办理了预订手续，但当客人到店办理入住手续时，接待人员却告诉他向阳的标准间已经全部出租了，问客人是否可以更换一间别的房间。客人当即表示：既然在3天前做了预订，就不应该出现此类情况。客人进行投诉。大堂副理很快查明原因：原来，当日上午一位未办理预订手续的客人A也提出要高层向阳的房间。接待人员未见史密斯先生到店，以为他不会来了，便将此房间安排给了客人A。大堂副理了解上述情况后，马上向史密斯先生道歉。并为他安排了一间高层向阳的豪华间，房价仍按标准间收取。第二天，前厅为客人A安排了一间高层向阳的标准间，并安排行李员协助他换房。

[评析]：客房预订是指客人在抵店前对饭店客房的预先订约，这种预订一经饭店确认，饭店与客人之间便达成了一种具有法律效力的预期使用客房的协议，饭店有义务根据预订的价格、房型为客人提供所需的客房。所以，预订部已向客人确定的房间，包括房价，是饭店对客人的重要承诺，应按规定保留至最后期限，否则，就要“失信于客”。

(1) 按照国际惯例，饭店对预先订房的客人，会为其保留房间直至抵店日当天下午6时为止，这个时限被称为“取消预订时限”或称“截房时间”。如果订房人到了这个规定时间仍未抵店，也未事先与饭店联系，该预订则被自动取消。上述案例中，史密斯先生是在预订的当日的下午6时前到达的，因此不应随意取消预订，尤其是不能在上午就将客人的预订取消。

(2) 接待员主观上想多安排住房，满足客人的特殊要求，增加客房收入的动机是好的。但是，他在为一位客人提供方便的同时却给另一位客人造成了不便，这里他忽视了一条重要原则：饭店要尽力取信于客。

(3) 大堂副理的处置是妥当的，客人的合理投诉应该得到及时的解决，这样才能避免矛盾激化而造成的更大投诉。

2.3　客房预订操作程序

客房预订业务是一项技术性较强的工作，预订服务过程是酒店与未来潜在客人接触和交易的过程，为了避免工作错误，饭店应精心设计订房程序，从而使预订员了解客人的需求，有计划地推销饭店的服务项目，确保订房的准确。客房预订的程序分为以下几个阶段。

2.3.1　班前准备

在预订前做好准备工作，才能给订房客人一个迅速而准确的答复，提高预订工作水准和效率。

(1) 预订员在上班前首先应有一个良好的精神面貌，按照饭店的规定准时到岗，做好交接班。

(2) 交接班时了解上一班次的预订资料，问清情况，掌握未处理事宜和优先处理事宜。

(3) 检查计算机等设备是否处于完好状态，准备好各种预订表格，摆放整齐，避免为客人办理订房时出现临时找资料的现象，浪费客人的时间。

(4) 掌握预订情况，了解当日及未来一段时间内可预订客房的数量、类型和位置等情况，保证向客人介绍可订房间的准确性。

2.3.2 预订受理

1. 散客订房预订受理

饭店客人订房方式多种多样，预订设备不完全相同。因而，接受客人的订房申请要区别不同情况，采用不同操作技巧和方法。

1）电话预订

在接受电话预订时，应该边接听电话，边做记录，并在通话结束时向客人核对主要订房内容，以免出现差错，具体的应该做到一听、五问、一复述。

一听即是认真地听取客人的要求，只有明确客人的订房需求，才能给客人提供相对应的供给服务。

五问即是在接受预订的时候，要问清楚客人姓名，以做到带姓称呼；问清楚房型和房数、入住时间和天数，方便预订员查看电脑上的房态（图 2.2），并在介绍房间种类和房价（口头上可向客人介绍两三种房间类型及特点和价格）的基础上，尽量地与客人达成预订协议，若不能满足客人的要求，预订员也要尽力适时地做好推销工作，尽量说服客人并售卖客房；问清楚预订客人的联系方式，以便进行后期的预订确认工作；问清楚特殊要求，如房间布置、是否需要接机、付款等方面的问题，若特殊要求中有很多规格并需另外付费的时候，应该给客人做好充分的解释和说明。

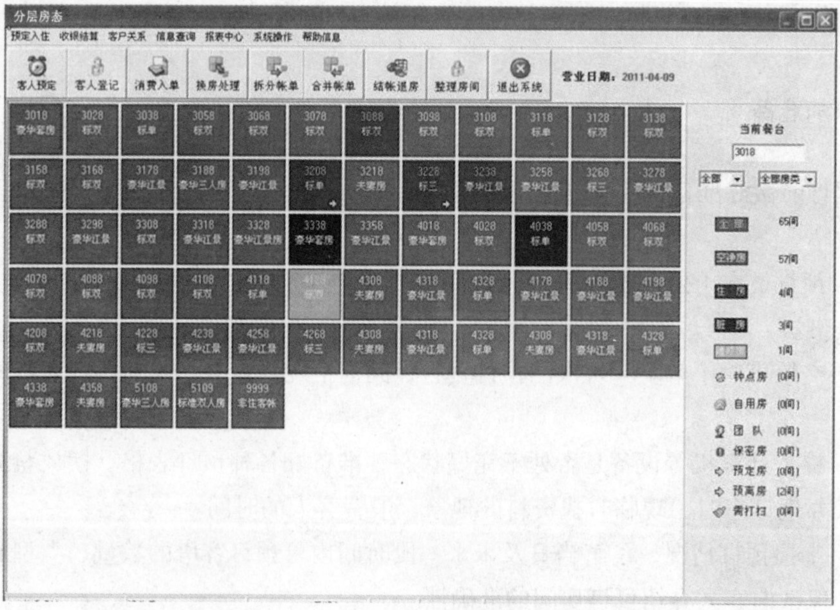

若某房号的颜色为红色，即表示该房间已被选为某个预订的用房。

图 2.2 酒店预订系统中的房态分布图

一复述即是将上面所讲的五问内容快速地向客人复述一遍，防止信息传递的不对称，复述的时候切记一定要和客人确定房间的价格、联系方式和房间保留时间，这是最容易引起客人投诉的问题。

知识链接

电话接听礼仪及流程

电话接听礼仪有以下几个方面。

（1）电话铃声响过两声之后接听电话，超过三声接听电话，要向对方道歉。

（2）接电话时要以愉悦的心情、清晰明朗的声音给对方留下好的印象，笑意和心情，对方是可以从电话中听出来的，先向对方问候，再以中英文自报家门。

（3）问清来电者的身份（姓名、公司名称、电话号码）；在确定来电者身份的过程中，要注意给予对方亲切随和的问候，避免对方不耐烦。

（4）接电话时要暂时放下手里的工作。若正在和别人交谈，要示意自己接电话，一会儿再说，接完后向对方道歉；若有非常重要的事情，在接到电话后向客人说明原因，表示歉意，并约一个具体时间，主动打过去，在下次通话开始的时候，还要再次向对方致歉。

（5）记录对方所说的内容，通话结束之前最好再复述一遍要点，防止记录错误或者偏差而带来的误会，使整个工作的效率更高。

（6）接听电话要注意声音和表情（打电话礼仪的注意礼节），保持正确的姿势（端正的坐姿或站姿），不要趴在桌面边缘。

（7）对于自己不了解的人或事情不能轻易表态，尤其是否定的回答，应有不拒绝任何可能的机会的意识。

（8）电话结束时要道谢（客户），礼貌地请客户先挂电话（来者是客，表示对客户的尊重）。

电话预订流程（表2-1）。

表2-1　电话预订流程

流　　程	标　　准	服务用语
接听电话	铃响三声内必须接听电话	
礼貌问候	（1）清晰快速地报出酒店或者部门名称，用自然的声音接听电话，语音柔和自然、语调上扬 （2）仔细聆听对方的话语，使用肯定的礼貌用语，如“好的”、“我明白”、“可以”等	（1）您好，前台/您好，××××××酒店 （2）先生/女士，请问您有什么需要

续表

流　程	标　准	服务用语
记录预订信息	(1) 询问客人到店日期、入住天数、房型及间数 (2) 查看预订当日客房状态，迅速判断能否受理 (3) 准备好纸和笔，记录预订信息	(1) 请问先生/女士您需要订什么房间 (2) 请问您需要订哪天的房间 (3) 请问……
复述预订	(1) 复述客人姓名、到店日期、入住天数、房型、房价、房数、保留时间和联系电话 (2) 确认客人的特殊要求	先生/女士，您以××的姓名预订了××日的×间 188 元/天的标准间，您的联系电话是××××××
礼貌道别	(1) 表示感谢客人的来电，并告之如有变更请及时联系 (2) 客人挂断电话后，方可挂电话	先生/女士，感谢您的来电，再见

2）电传/传真（书面）受理

进行传真预订时应该做到及时向客人复信，越早越能赢得客人的好感，使客人在抵店前就形成对饭店服务、形象的认可，便于饭店今后服务的顺利进行。一般饭店规定在 24 小时内一定要给予客人复信，并使用打时机或时间戳。复信时应该让客人感到信件是专门为其所写，应特别注意信头的称谓得当，并保证书写正确。对客人来信中提出的要求，一定要给予具体的答复，即使不能满足的要求也一定要婉转地表示歉意，谦恭有礼。

3）因特网受理

在开展网络预订工作时，每天定时打开饭店网络系统，搜寻预订信息，详细记录客人预订客房的种类、人数、姓名、性别、何时到达、何时离店和联系方式等信息，按照客人要求查看是否能够给予满足。如有符合客人要求的房间，则做好相应的记录；如不能满足客人的订房要求，应尽快与客人取得联系，与其沟通协调，积极介绍饭店其他类型的客房。如果预订时间与客人抵店时间相差较远，一般在客人抵店日期前 10 天，给客人回复确认预订的回函。

总的来说，在预订受理过程中一定要注意再三与客人核对信息，保证客人基本信息和房间及房价信息的准确性，回复客人要有效率。

案例赏析

中国技术进出口总公司黄金海岸培训中心是集内部接待与对外营业于一体的旅游宾馆。在暑期，为吸引客源，宾馆推出客房标准间房价优惠25%的价格政策，要求总台服务员以此优惠的房价大力推销客房。

旅游外事职业学校的某实习生正在总台值班，一位客人打电话预订房间，客人询问标准间房价，这位实习生告诉客人房价可打二五折。客人一听，大吃一惊，心想：想不到黄金海岸的宾馆在暑期旅游旺季，竟然把房价压得这样低！这可是千载难逢的机会，立即决定入住此宾馆。客人来到总台，在预付房租时，那位实习生并不是按她在电话中所说的二五折收费。

这位客人觉得受了欺骗，一气之下找到大堂副理，问清到底房价优惠多少。大堂副理不知前情，如实告之原房价与现在给予的优惠25%的情况。客人一听就不干了，说："不对，我预订房间时，总台小姐讲得清清楚楚，是打二五折的！"大堂副理一听便明白了是总台小姐那儿出了错误，忙解释到："对不起，先生，那是总台服务员弄错了。不是二五折，是优惠25%。"客人说："一个酒店房价打五折已经不赢利了，你们竟打二五折，我也感到很奇怪。"大堂副理说："是啊，我们不能赔本呀，所以打二五折是不可能的。"

客人一听讨不到便宜就急了，借机胡闹起来："你们总台小姐说打二五折，你为什么说优惠25%？你们总台报价算不算数？你们长价太快了，刚预订完就涨价，你们故意欺骗顾客，我找总经理去告你们！"无论大堂副理如何解释，那位客人一口咬定前台小姐故意报低价，把客人骗到宾馆再涨房价。前厅经理再三解释是总台服务员报价错误，可是客人说："我不管你们谁对谁错，总台的承诺必须兑现，我就按二五折付账！"大堂副理又检讨是自己管理的问题，请客人原谅，最后决定给客人六折优惠，才了结此事。

[评析]：各饭店为加大促销力度，常常采取打折优惠的措施吸引客源，这是让利于消费者的促销方法，也是一种价格竞争策略。各饭店宾馆根据各自的客源市场与自身经营状况，决定不同的打折优惠的幅度。但有一个原则，绝不可能用低于成本的价格销售，否则就是赔本，所以房价打二五折是不可能的。显然，案例中的客人是通晓此营销策略的，他明知房价不可能便宜到打二五折的程度，但仍然坚持要求店方按二五折售房，是自以为抓住了前台服务小姐误报房价的把柄，以此要挟，借机胡闹，结果还是让他占了便宜。而案例中的总台实习生毫无营销知识与价格的概念，没有弄懂二五折与优惠25%的真正含义，自作聪明地把优惠25%当成二五折，给了客人压价的可乘之机，这既给宾馆带来经济损失，又给宾馆找了很大的麻烦，这个错误是很严重的。

2. 团体订房预订受理

团体预订资料应至少提前一天交到接待处，以便接待员提前进行分房。团体订房在接受预订时的程序与散客基本相同，一般情况下是销售部与客人直接联系做团队预订的可能性比较大，预订处只需按照销售部的要求填写预订单，并上报主管领导即可，但是一定要注意明确团情。

（1）明确团名、团员姓名、国籍、身份、抵离店时间、所用交通工具、房间种类和数量、餐食类别及时间和标准等。

（2）明确付款方式、自理项目及团员中有无其他特殊要求和注意事项。

（3）根据团体到达的日期及合同的要求，定期提醒销售部提前 3~7 天主动与订房单位联系最后落实情况，督促和要求其定期落实自己的团队。另外，每天早班将翌日的团体逐一与销售部核对（人数、房数、日期、晚数、订餐及特殊要求等）。

2.3.3 填写、输入客房预订单

客房预订单是饭店客房预订管理中的客人订房、入住分房、查询服务和记账结账等最初的原始凭证。饭店无论采用哪种预订系统，都需要先填写纸质的客房预订单（图 2.3），然后再输入前厅预订系统。

客房预订单（reservation form）

宾客姓名（GST's name）：________

公司名称（company）：________

电话号码（tel No.）：________

传真号码（fax No.）：________

订房人（reserved by）：________

到达日期（arrival date）	离开日期（departure date）	房间类型（RM type）	间数（pax）	房价（price）

航班号（flight No.）：

航班时间（arrival time）：

□客人现付（GST credit）	□第三者支付（others）
支付者及支付方式（payer&payment）	
特殊要求（special）	单早 SB　双早 DB　鲜花 BX　水果 FR　接机 TR　佣金 CM
贵宾（VIP）	

订房方式（way of RSVN）：□tel　□fax　□desk　□E-mail

备注（remarks）：

接受（received）：________　日期（date）：________

图 2.3　客房预订单

1. 订房单所包含的内容

（1）即将入住客人的姓名、人数、性别、国籍、儿童的年龄及性别。

（2）客人预订的数量及类型。

（3）客人预计抵离店的日期、交通方式、班次及时间。

（4）客人的付款方式。

（5）客人对客房和餐饮及其他一些特殊要求，如客人是否要接机、是否要订票等。

（6）备注栏中注明一些补充事项，如客人是否常客等。

（7）订房员的姓名、编号及制表日期。

2. 填写订房单时应注意的事项

（1）订房单的填写要字迹清楚，内容完整，不得随意涂改。

（2）注意客人姓名的正确拼写，外籍客人的姓和名不得颠倒。

（3）详细记录客人的电话、通信地址及联系电话。

知识链接

预订的专业术语及常用省略字

预订时常用的专业术语表（表2-2）及记录预订时常用的省略字（表2-3）。

表2-2　预订时常用的专业术语

专业用语（中文）	专业用语（英文）
预订	reservation/booking
更改	amendment
取消	cancellation
备注	remarks
押金/预付金	deposit
房价	room rate
房价不含	room rate subject to
房价包含	room rate inclusive of
服务费	surcharge
佣金	commission

表2-3 记录预订时常用的省略字

中文	英文	英文简写
客房号	room number	R'm No.
宾客人数	number of persons	No. of Pax
抵达日期	date of arrival	Arr.
从何处来	from	Fr.
信件	letter	Ltr.
口头	verbal	Ver.
优惠券	coupon	Cpn.
只住	room only	R

2.3.4 预订资料整理

预订资料放置得有序，将为其余工作方便得进行奠定良好的基础。

1. 整理订房资料

整理订房资料指整理受理预订过程中所使用的客房预订单、预订变更或取消单、客人预订信函、传真、电子邮件、收取客人预付款（订金）收据及客史档案卡等。

2. 排放装订的方法

（1）日期法：按照客人预计抵店的时间排列，如20120526002、20120527002。

（2）字母法：按照同一天预计抵店客人姓名的第一个字母顺序排列，原则是首位相同看次位，次位相同看第三位。

（3）专门存盘法：主要用于VIP订房、旅游团体订房、会议团体订房、常客订房、长住客订房及取消订房档案等。

知识链接

情景模拟

人物：A. 周小姐（Receptionist Miss Zhou）

B. 罗伯特先生（Guest Mr robert）

A：Good Morning，Reservation，您好，青岛海天大酒店预订部，有什么可以帮您吗？

B：上午好，我想预订一间客房。

A：您是需要标准间还是套房？

B：标准间。

A：几间呢？

B：一个。

A：好的，先生，请问您哪天能到呢？

B：9月9日。

A：大约住几天？

B：两天左右。

A：您对房间有什么特殊要求吗？

B：要一个阳面的、带浴盆的，楼层高点，大床房。

A：好的，请您稍等，我检查一下是否有符合您要求的房间……好的先生，我们有一个符合您要求的标准间，它的房价是200元每晚，包括两顿早餐，另加15%服务费，您看可以吗？

B：可以。

A：请问您姓名？

B：罗伯特。

A：您方便留一下电话吗？

B：我的电话是××××××××。

A：您什么时候到达呢？

B：大约早上八点。

A：我们将把您的房间保留到您抵达当天的晚上6点，我确认一下您的预订信息。一个有大床的标准间，住店时间是9月9日~11日，房价是200元/晚包括两顿早餐，另加15%服务费，您的电话是×××××，您的预订编码是×××，对吗？

B：是的。

A：您的客房已为您预订好，期待您的光临。如果您有什么变动的话，请及时通知我们。感谢您的来电，再见。

2.4　客房预订常见问题及处理

预订工作中的疏忽或失误将损害饭店的形象，使饭店蒙受经济损失。为此，必须采取相应的措施，尽量减少或杜绝失误。

2.4.1 订房核对问题

订房核对是对客人的订房信息进行核对。订房核对是为了提高客房预订的准确性，保证酒店客房出租率，同时做好接待的准备工作，及时发现问题进行更正或补救。订房核对在旺季很重要，也是预订员固定的工作之一。一般客人抵店前一个月前、一周前、一天做三次核对。

1. 预订变更

预订的变更（Amendment）是指客人在抵达之前临时改变预计的日期、人数、要求、期限、姓名和交通工具等。

在预订变更时，预订员首先应该查看电脑，看是否能够满足客人的变更要求。如能够满足，则予以确认，同时填写“预订更改表”，修订有关的预订记录，并将这一新信息通知已经通知过的有关部门；如不能满足客人的变更要求，预订员应根据具体情况与客人协商解决。

2. 预订取消

客人取消预订（Cancellation）后，预订员应该对其预订资料进行有效处理：在预订单上盖上取消预订的印章，并在“备注”栏内注明取消日期、原因和人数等，然后存档；如果客人的预订信息已经通知到相关部门，则应将客人取消预订的这一新信息通知相关部门。一般情况下，当客人在原定抵店日未能到店，则由总台接待员办理有关事宜（仅限预订一天的客人）。如果是取消预订，同样要通知有关部门，必要时可以为客人保留房间至约定时间（一天以上的转预订员处理）。

由于各种缘故，预订出现变更和取消的可能性很大，特别是在接受订房的取消时，不能在电话里表露出不愉快，而应使客人明白，其今后随时都可光临本酒店，并受到欢迎。正确处理订房的取消，对于酒店巩固自己的客源市场具有重要的意义。在国外，取消订房的客人中有90%以后还会来预订。

案例赏析

一年一度的广交会又要开始了，这些天酒店的预订电话响个不停，到今天为止，酒店所有的房间已经订满，可还有很多客户来电要求订房。对于这些预订，到底要不要接受呢？如果不接受，万一有客人临时取消订房，或者订了房间没来住，怎么办？可是如果接受了，而又没有客人取消订房，到时势必有一部分客人没法入住，又该怎么办？酒店的预订经理陷入了两难……

［评析］：并非所有的预订客人都能如约按期抵店，总会有一小部分预订客人因各种原因不能按照协议抵店，使饭店出现空房，延误出租而造成一定损失。在预订中出现临时取消、预订变更是正常的事情，所以饭店为了追求理想的客房经济效益，必须采取一定的措施，尽力把损失降到最小。

2.4.2　超额订房

超额订房（Over Booking）指饭店在订房已满的情况下，再适当增加订房数量，以弥补少数客人因预订不到（No Show）、临时取消（Cancel）或提前离店（Under Stay）而出现的客房闲置。因为酒店产品的易逝性和不可储存性，超额预订可以充分利用酒店客房，提高开房率，尽量减少客房虚耗（Spoiled Room）。但是客房超额预订操作得不好，也会给酒店带来较大的麻烦，甚至影响酒店的品牌，如一旦预订客人全部到店，使酒店客房供不应求形成违约，引起客人投诉和不满也是常有的事。

1. 超额预订的数量

“冒险”的超额预订关键是把握好“度”，如果超出“度”，就会使订房数量过多，导致预订客人到店而没有房间住；如果达不到“度”，就会使酒店出现客房闲置，导致出租率低，影响营业收入。

一般情况下5%（不超过15%）的超额预订是可行的，更大的比例需要通过长期的工作经验积累及订房资料的分析得出。超额预订数要受预订取消率、预订而未到客人之比率、提前退房率，以及延期住店率等因素的影响，超额预订的决策不仅依据于管理者的个人经验，而且应来自对市场的预测及对客情的正确分析。

假设，X表示超额预订房数；A表示酒店可供出租客房总数；C表示续住房数；R表示预订不到及临时取消和变更的比率；D表示预期离店房数；F表示提前退房率；G表示延期住店率，则

$$X=[(A-C)\cdot R+C\cdot F-D\cdot G]/(1-R)$$

例如，饭店有客房500间，未来4月15日续住房数为300间，预计离店房间数为100间，该饭店的通常预订不到及临时取消和变更的比率为10%，提前退房率为3%，延期住店率为6%，试问就4月15日而言，该饭店应该接受多少超额预订？

根据上述计算公式，得

$$\begin{aligned}X&=[(A-C)\cdot R+C\cdot F-D\cdot G]/(1-R)\\&=[(500-300)\times10\%+300\times3\%-100\times6\%]/(1-10\%)\\&\approx25(\text{间})\end{aligned}$$

2. 控制超额订房的比例

1）分析历年同期的比例

统计分析过去历年同期的订房不到的平均百分比、临时取消的平均百分比、提前抵达和延期抵离店的客房数和主要订房单位实到人数占订房的比例，来预测超额预订比例。

2）分析团体预订和散客预订的比例

团体预订是指国内外旅行社、会议组织机构、商业机构、航空公司等事先计划或组织的，并与饭店预约，签订合同的预订。这类预订可信度高，预订不到或临时取消的可能性不大，一般为0.5%；而散客预订一般支付预订金的很少或者就无订金，其随意性比较大，如休闲旅游客人可能达到10%。因此，在某一段时间内，若团体预订多，散客预订少，则超额预订的比例不可过大；反之，若散客预订多，团体预订少，则超额预订的比例不宜过小。

3）分析预订类别的比例

饭店往往将确认类预订和保证类预订视为“契约预订”，故应确保客人的住宿要求得以满足。应将其他的预订视为“意向性预订”，若发生失约，饭店不向客人承担经济责任；若客人未按时到酒店也不收取客人费用。因此，在某段时间内，若确认类预订和保证类预订多，而“意向性预订”少，则超额预订的比例不宜过大；反之，若确认类预订和保证类预订少，而“意向性预订”多，超额预订的比例不宜过小。

4）分析饭店的淡季、旺季和平季的差别

旺季客房供不应求（如春节、国际劳动节、国庆节这三个旅游黄金周），客人订房取消的可能性很小，超额预订的比例不宜过大。平季，客房利用率较旺季少，预订变更的可能性较旺季大，那么超额预订不宜过小。淡季，一般属于缺额预订时期，所以不会考虑超额订房的问题。

5）分析信誉度

通过调查分析本饭店在市场上的信誉度来确定。一般来说，在社会公众中影响力不大的酒店超额预订的幅度可适当放宽些，而声誉较高的酒店超额预订的幅度则应小些。

6）分析附近同级饭店的住房情况

了解附近同级饭店的住房情况，若已经客满或接近客满，就应减少超额订房的比例，反之则应增加比例。

7）分析饭店的机动房使用率

留机动房的饭店，可以统计分析饭店保留的机动房在过去历年同期的平均使用率，作为现在机动房可能的使用率。

8）关注节假日期间的天气预报

由于假日客源主要是旅游客人，旅游客人的消费属休闲性自费旅游，随意性较大，所以，若天气较好，可以留出部分房间以出售给临时性的上门散客；若天气情况不好，要多吸收一些团队，以保证客房的开房率。

9）关注媒体报道

通常在节假日前几天，各大媒体包括网上都会争相从相关行业、饭店处了解最新的情况，进行滚动式报道。

知识链接

超额预订的负面效应

美国运通公司曾做过调查：该公司信用卡持有者中1/4曾遇到过虽有确认的预订单却未被接待。其中至少有半数以上的人表示以后再不会到那些酒店入住了。这种因酒店失信于客而造成的服务质量下降，在许多酒店看来也不可容忍。例如，喜来登酒店制定的“十戒”中就有一条：不能拒绝接待持有确认预订的客人。

《中国旅游饭店行业规范》第三条规定：由于饭店出现超额预订而使客人不能入住的，饭店应当主动替客人安排本地同档次或高于本饭店档次的饭店入住，所产生的有关费用由饭店承担。

案例赏析

4月16日，吴家山居民袁先生接到远在内蒙古的老战友的电话，说一行7人第二天要来武汉看望他，袁先生甚是高兴。17日，袁先生来到吴家山利民酒店订了4间标准房，按照服务台的要求，每间房预付300元，共付了1 200元。当晚11时，他开车从机场接到战友后来到该酒店入住，服务员告诉他，由于下午临时接了个会议团，客房已全部包出去了。当时，袁先生觉得在朋友面前很丢面子，与服务人员发生争执。酒店大堂副理同意退还袁先生的房价款，并表示以后他入住时享受八折优惠，遭到袁先生拒绝。他要求酒店应双倍返还预付房款。双方协商无果，为不影响朋友休息，袁先生只好带众人另找酒店，一番折腾后一行人入住时已是凌晨1点多了。

吴家山工商所调查证实，酒店给袁先生开具的1 200元收据上注明的是预付房费，该酒店经理田军解释说标准客房每天房费按198元结算，押金是每间房100元。由于袁先生当时开房未留下联系方式，酒店接团客满后无法及时与之联系才造成纠纷，他承认酒店工作存在失误但不同意双倍赔偿。

工商部门认为，袁先生按规定交了预订房费后，即与酒店形成了合同关系，酒店单方取消其预订房即构成违约。况且收据上并未注明其中的400元是押金。而且由于酒店的违约还造成消费者凌晨无法休息，精神上受到一定的伤害，酒店应承担全部赔偿责任。经调解，酒店按预付房费双倍赔偿袁先生2 400元，并免费送一间客房作为精神补偿。

[评析]：客房预订是指在客人抵店前对饭店客房的预先订约，是客人与酒店预先达成的一种使用客房的协议，若其中一方不按照协议的内容执行，那就是所谓的违约，违约方就要承担相应的赔偿责任。案例中袁先生交了押金，属于保证类的预订，酒店方虽属于超额预订的状况，但不能以任何理由拒绝保证类预订客人的入住，根据相关的法律法规，双倍赔偿袁先生的预付金是情理之中的事情。

3. 超额预订的补救措施

如果过度地实施超额订房，就会出现已经预订的客人到达饭店时，饭店因客满而无法提供客房的事情，这种情况势必会引起客人的极大不满，饭店应立即采取补救措施，妥善安排好客人的住宿，以消除客人的不满，将影响程度降低到最低点，维护饭店的声誉。

1）从饭店内部解决，充分利用饭店现有的资源

（1）饭店内部挖掘潜力。例如，同一团体内部加床减少床位的占房数、套房改标准间、会议室等空地加床、利用员工用房，以及打折出租轻微损坏的房间等方法均可采用。

（2）仅某类客房超额预订时，可采用房间升级的办法解决。

（3）对一般类订房不予留房，但需要事先联系客人并解释之规定是如客人未通知店方其到达时间，订房将在下午6时自动取消，提醒订房客人须预缴订金以便保留房间；对确认类订房，若到了留房截止时间或约定时间还不来则不留房；提前到店的客人，饭店可让客人占用一般类订房客人的房间。

（4）对于续住或当天延迟退房的客人，根据情况适时劝退，为服务人员打扫房间留出更多的时间。

（5）控制预留房数量。主要是针对团队订房，特别是会议订房，要设法和团队负责人联系，确定用房量，减少由于过多的预留房而给饭店带来的经济损失。

2）如果饭店内部没有房间可使用，可采取的措施

（1）立即与另一家相同等级的饭店联系，请求援助。同时，派车将客人免费送往这家酒店。

（2）如属连住，则店内一有空房，在客人愿意的情况下，再把客人接回来，并对其表示欢迎（可由大堂副理出面迎接，或在客房内摆放花束等）。

（3）对提供援助的饭店表示感谢。

知识链接

第一夜免费制度

对于保证类预订，酒店无论如何要保证只要客人一到，就为其提供房间或代找一间条件相仿的房间。在后一种情况下，酒店要代付第一夜的房费及其他附带费用，这就是所谓的第一夜免费制度。一般情况下这种处理措施针对的是保证类预订的客人，具体的措施如下。

（1）支付其在其他饭店住宿期间的第一夜房费，或客人搬回饭店后可享受一天免费房的待遇。

（2）免费为客人提供一次长途电话费或传真费，以便客人能够将临时改变地址的情况通知有关方面。

（3）次日排房时，首先考虑此类客人的用房安排。大堂副理应在大堂迎候客人，并陪同客人办理入住手续。

2.4.3　订房纠纷处理

出现订房纠纷实属正常的事情，不可能杜绝此类事情的发生，但若提前采取必要的措施，既可以减少其发生的概率，又可将纠纷损失降到最低。

1. 预订失误的表现形式

1）订房信息记录不准确

预订员在接受客人预订后未及时核对，发生客人抵离日期、预订天数、客房类型、客房数量、房价或特殊要求等信息的失误，不能满足客人的要求。出现的原因可能是预订员在办理完预订后，没有复述客人的订房要求，或者在进行预订核对时，客人更改预订而未修改原预订资料。

2）订房信息未及时、准确传递

由于预订处未及时、准确地将客人的预订资料传递到相关部门，造成一系列的服务出现差错。例如，前厅接待分房不当或未及时分房；餐饮部为客人提供的用餐或会议室服务未及时准备或准备不充分；其他相关部门不能提供针对性的服务等。

3）房号过早告知客人

预订员在订房过程中过早地将房号承诺给客人，当客人抵店后，不能及时提供，造成客人不满。因此，对于要求房号的客人，只答应尽量安排，不能向其保证，以便接待员自由合理地分房。

4）旅游旺季饭店突然涨价

在旅游旺季，饭店会根据市场状况作出涨价的决定，此时未预先通知客人涨价，或通知客人涨价，而涨价幅度太大，客人一时无法接受。

5）未如约留房

客人预订的房间，由于多方面原因，造成饭店无法提供，特别是保证类客人。

6）预订员疏忽的规定

预订员在办理预订手续时，未把留房期限、违约金的收取等规定告知客人。

7）混淆订房人和住店人

在办理预订时，预订员把订房人和住店人视为同一人。造成客人来店后，无此记录，饭店无法向客人提供住房。

8）专业术语的误解

客人对一些专业术语理解错误，如确认类预订和保证类预订、连通房和相邻房等的区别，客人没有弄明白，造成纠纷。

9）中心系统的失误

客人在利用中心系统订房时，中心系统把名称相似的两家饭店或多家饭店混为一家饭店。例如，长城饭店和长城宾馆，中心系统就可能理解为是一家饭店。

2. 控制措施

（1）加强对预订员的培训，严格按照操作规程为客人提供服务，避免因人为原因出现预订失误。特别是预订员在办理预订手续后，及时复述客人订房要点和发出确认书。

（2）预订员要保证录入电脑的预订信息的准确性，从而避免预订资料传递的不及时或出现差错的现象。

（3）预订员或预订系统应尽量少用专业术语，避免因客人的理解错误造成的预订纠纷。

（4）饭店房价的变动要及时发出，让客人在较短的时间了解信息。特别是开通了网上预订的饭店，要及时更新网页上的信息。

（5）饭店应每年审核预订单和确认书的形式和内容，以确保上面的信息符合客房预订要求。

（6）预订处要加强与其他部门的沟通协调，从而保证预订处发出的信息准确及时。特别是对于更改和取消的预订，预订处要在第一时间通知相关部门。

（7）预订员应避免与客人沟通的障碍而产生预订失误，预订员要理解客人的预订需求，同时也让客人了解饭店有关预订的规定。

3. 其他常见问题的处理

1）客人订房时无房

遇到这种问题时，首先应向客人道歉，说明原因；用商量的口气询问是否有变动的可能，如果客人表示否定，则预订员应询问客人是否愿意将其列入候补订房客人名单内，如若愿意，则应将客人的姓名、电话号码或地址、订房要求等资料依次列入候补名单，并向客人说明饭店会按照客人留下的电话号码及候补名单的顺序，通知客人前来办理预订手续；如果客人不愿意，则预订员可以婉拒客人或向客人提供其他信息并建议客人到其他饭店预订。

2）已预订客人要求增加房间的数量

（1）预订员首先应问清客人的有关信息，如客人的姓名、单位或抵离店日期等，根据客人所提供的资料查找客人的预订单，核对无误后再行操作。

（2）查看电脑中饭店预订信息情况，判断是否接受客人的要求，若不能满足，则应向客人推销其他类型的房间或婉言谢绝客人的要求。

（3）再次向客人复述当前客人预订房间数及其他信息，并根据实际情况收取一定的保证金。

（4）更改预订单，并将已修改的预订单发送到有关部门与班组。

3）客人指定房型、楼层及房号

（1）预订员应根据客人的预订日期，查看电脑预订情况而判断是否接受客人的指定性预订。

（2）若有空房，则应立即办理预订手续，把需要的房号预留起来并输入电脑；若没有空房，则应向客人说明情况后推销其他房间，或建议其他入住方案（如先请客人入住其他类型的房间后再更换等）。

（3）最后向客人说明如果出现不能满足要求的情况，则请客人谅解并做换房处理。

饭店通常不接受指定房号的预订，但会答应客人尽量按客人要求的房号安排；如果遇到 VIP 或常客，客人要求又强烈，这种情况下，预订员应视情况而定。

4）客人在预订房间时嫌房价太贵

（1）先肯定房价高，后向客人详细介绍本饭店的客房结构及配套设施设备等。允许客人再三考虑，同时也向客人表明一定能使客人感到物有所值，请客人放心。

（2）若客人还未下结论，则不妨采用对比法，将客人所预订的房间与其他饭店的进行比较，建议客人先入住尝试，为客人办理预订手续。总之，预订员应妥善运用推销语言技巧来解决这个问题。

5）客人更改预订日期时无房

（1）首先向客人道歉，并简单说明原因，以尽量得到客人的谅解。

（2）向客人询问是否可以改变日期或建议预订其他类型的房间等；若客人不同意，则建议将客人暂时列入预订候补名单内。

（3）问清客人联系电话，以便于及时跟客人取得联系。

（4）取消或更改原来的预订单，及时发送到各相关部门或班组。

6）订房员接到饭店内部订房

（1）仔细审查订房单是否完整、正确，是否有负责人的亲笔签名，核实所给予的优惠幅度是否在该负责人的权限范围内。

（2）如预订房价的优惠幅度超越权限或协议范围，或者订单不完整，订房员应拒绝接受并报告主管。

案例赏析

黄金海岸的盛夏，正值旅游旺季，游客如云，各饭店宾馆的客房爆满。在宾馆前厅总台，旅游院校实习生常小姐与叶小姐正在值台服务。这时一位先生打电话预订5间房，要求自现在开始保留半小时，半小时后他的客人未到，宾馆就不用等了，5间房可以售出。接电话的是实习生常小姐，她查看房态，正好有客人离店，就答应了这位客人的要求。就在10分钟后，来了一批客人要住店，另一实习生叶小姐就把那5间房售出去了。当时常小姐看到叶小姐把那5间房售出去了也没说什么。就在这时，刚才电话预订5间房的那位先生带着客人来到总台要求入住，常小姐只好告诉客人房间已经卖出去了，并且宾馆已经客满了。那位客人一听就火了，指着表说："你看看，没到半小时，你为什么不给留着房间？你们说话怎么不算数？"那些随他而来的一大群客人也急了，跟着乱喊乱骂，顿时大堂乱作一团。常小姐顿时傻了眼，不知所措地站在那儿，任客人对她又喊又骂。

思考：1. 案例中的常小姐错在哪？

2. 遇到这种情况，作为酒店方应该怎么处理。

本章小结

● 客房预订是前厅对客服务的一个重要环节，预订员受理订房的准确率及效率将直接影响预订客人的满意程度；作为一名预订员，若保证工作的时效性与准确性，必须掌握预订的相关知识，注意预订的流程，注意自己的言谈举止。

● 客人预订饭店客房有电话预订、电传/传真预订、因特网预订、当面（散客）预订、团体预订等多种方式。每种预订方式都各有特点，客人们可以根据自身的设备条件及对客房需要的时间紧迫与否，选择自己喜欢的预订方式。

● 为了促进饭店销售，提高客房出租率，预订员在接受与确认预订的过程中，需要掌握口头确认、书面确认、保证类预订、婉拒预订等预订确认的技能；在预订控制方面，需要掌握预订的变更、预订的取消、预订过程的检查和控制，以及接受、处理和控制超额预订的技能；在预订确认后，须记录和整理排放预订资料；同时还必须具有做好预订失误处理及预订常见问题的能力。

思　考　题

一、单选题

1. 在预订单中，“reservation”指的是（　　）。

A. 备注　　B. 价目表　　C. 预订　　D. 协议单位

2. 根据国际饭店管理经验，超额订房的比率一般控制在（　　）。

A. 20%~30%　　B. 10%~20%　　C. 5%~10%　　D. 5%~15%

3. 按照国际惯例，饭店对于预订客人的“取消预订时限”即“截房时间”一般是指（　　）。

A. 抵店日当天下午2时　　B. 抵店日当天下午6时

C. 第二天中午12时　　D. 第二天下午6时

4. waiting list是指（　　）。

A. 临时性预订　　B. 确认类预订

C. 保证类预订　　D. 等候名单

5. 一般可以通过（　　）的预订来保证酒店的客房收入。

A. 临时性预订　　B. 确认类预订

C. 保证类预订　　D. 以上答案都不对

二、判断题

1. 客人取消订房，预订员只需将原来的预订单撕毁即可。（　　）

2. 当前，书信、电报还是客房预订的主要形式。（　　）

3. 订立合同一般是属于确认类预订。（　　）

4. 客人变更订房后，预订员应将变更的订房情况及相关安排尽快通知饭店有关部门。（　　）

5. 客房销售的首要环节是预订。（　　）

6. 保证类预订只能用信用卡担保，这样可以保证饭店的收入。（　　）

7. 隔墙有门连接的客房是相邻房。（　　）

8. 一般客人抵店前一个月、前一周、前一天做三次核对。（　　）

9. 电话总机员在电话铃响三声时再提机。（　　）

10. 客人预订房间用信用卡担保时，服务员做的是信用卡的消费。（　　）

三、简答题

1. 请说出饭店主要房态的类型及其英语术语。

2. 预订有许多种类，饭店在实际运营中常遇到的预订种类主要有哪些？
3. 什么是超额订房？

四、论述题

1. 论述客房预订的意义。
2. 饭店预订员在接受客房预订时，能否轻易告诉或许诺客人具体的房间号码。
3. 论述超额预订过度的补救措施。

五、实训题

设置情境，分组模拟散客电话预订。

3 礼宾服务

内容概要

1. 迎送宾客服务
- 店外迎送服务；
- 店内迎送服务。

2. 行李服务
- 行李服务程序；
- 行李寄存服务。

3. 金钥匙服务
- “金钥匙”服务理念；
- “金钥匙”素质要求。

学习目标

（1）掌握店外和店内迎送服务的基本要求并能够按照门童和酒店代表的工作标准对客服务。

（2）熟悉行李服务的基本程序，了解行李寄存方面的知识。

（3）认识“金钥匙”服务理念，了解“金钥匙”的素质要求。

为了体现酒店的档次和服务水准，许多高档次酒店都设立礼宾部，为客人提供礼宾服务。礼宾服务由法语“Coucierge”一词翻译而来，又可译为委托代办服务。在我国，礼宾服务实际上就是向客人提供店内外的迎送服务、行李服务、“金钥匙”服务和其他的一些服务，如订车服务、递送服务及委托代办服务等。礼宾服务是前厅服务的重要组成部分，是给客人留下美好的第一印象和最后印象的关键服务阶段，是客人心目中真正的“酒店代表”。酒店常在大堂某一区域设置礼宾值班台，由礼宾司或礼宾服务员担任值班工作。

案例赏析

7月12日下午，天气阴霾，转眼间下起了瓢泼大雨。一辆轿车缓缓地从酒店北门驶来，停靠在了酒店正门前侧的停车区。门童小林见状，立即上前询问客人是否需要帮助。客人气愤地说：“我现在有要事，必须马上去临沂，没想到轮胎爆了，给汽修公司打电话，他们却说雨太大来不了，这可怎么办?”小林听后急忙安慰客人，随即果断地说：“先生，您有备胎吗? 我可以帮您更换轮胎!”客人仿佛不敢相信自己的耳朵，脱口说道：“小伙子，你刚才是说你要帮我换轮胎吗?”小林肯定地点了点头，客人高兴不已。

于是两人挽起袖子，取下备胎，开始更换，忙活了半个小时，终于将轮胎换好。看到全身湿透的小林，客人非常感动，亲切地拍着小林的肩膀说：“小伙子，谢谢你，这次要不是你帮忙，我肯定不能尽快赶往临沂，那样就耽误大事了。我走了，你赶快进酒店换身干衣服吧!”“您别客气，这是我应该做的。雨天路滑，您小心开车!”在小林的细心叮咛中，客人满怀感激地开车离去。

3.1 迎送宾客服务

迎送宾客服务分为店外迎送服务和店内迎送服务两部分，主要由酒店代表、门童和行李员等共同完成。

3.1.1 店外迎送服务

店外迎送服务主要由酒店代表负责。酒店代表，即代表酒店在机场、车站、码头等地迎送客人，并争取未预订客人入住本酒店的人员，也称驻机场代表。店外迎送服务是酒店整体服务的向外延伸，也是酒店对外宣传的窗口，更是酒店开展市场营销活动的重要一环。

酒店代表是客人所见到的第一位酒店服务人员，其仪容仪表、言谈举止和服务效率直接影响客人对酒店的印象。酒店代表应具有强烈的责任心、自觉性，具有较好的外语交流水平，熟悉酒店的客情，掌握主要客源国客人的生活习俗、礼仪，有较强的应变能力、业务推销能力和人际交往能力等。

1. 客人抵达前的准备工作

（1）熟悉次日、当日客情，在预订客人抵达前一天，向预订处索取“宾客接车通知单”，了解客人姓名、人数、所乘航班号或车次及接待规格等信息。

（2）根据当天接车通知单，提前安排好机场、车站与酒店间的路程，及时下达出车指令。

（3）填写好接机牌，检查通信工具是否正常，确保随时与相关部门保持联系。

（4）向总台查询当日预计出租率，会议、团队情况，VIP 和可售房类型，以便向未预订客人进行客房销售。

（5）密切注意航班和车次变更、取消、延迟的最新消息。如有变化，及时与管理人员联系，作出适当调整。

2. 客人抵达时的接待工作

（1）在航班、车次抵达前，在出口处明显位置举牌等候客人，注意姿态端正、精神饱满、面带微笑。

（2）客人到达时，代表酒店向其表示欢迎和问候，并确认客人身份。

（3）帮助客人提取行李，确认件数和完好情况，并引领客人上车。

（4）通知前厅礼宾值班台有关客人的抵店信息，包括客人姓名、所乘车号、离开时间及用房有无变化等；如果客人属贵宾，则应通知大堂副理，请其安排好有关部门做好迎接工作。

（5）一旦出现漏接或在机场找不到客人的情况，应立即与酒店接待处联系，核查客人是否已自己乘车抵店，并向有关部门反映情况，以便采取补救措施。

（6）积极向未预订的客人推销本酒店，遇到住在本酒店但未订班车的客人询问，应及时与酒店接待处确认，明确收费标准，引领客人上车。

（7）途中，酒店代表可向客人介绍当地和本酒店的概况，协助客人做好入住登记手续，与酒店接待处保持联系。

3. 客人离店时的送行工作

（1）客人离店时，酒店代表与礼宾行李组及车队取得联系，确认客人姓名、所乘航班、离店具体时间、行李件数及其他要求。

（2）协助客人托运行李和办理登机手续。

（3）与客人道别，感谢客人光临酒店，并祝客人一路平安。

知识链接

见面礼节一览

1. 握手

握手是大多数国家相互见面和离别时的礼节，并广泛运用于社会各阶层。行握手礼时，应由主人、年长者、身份高者、女士先伸手，客人、年轻者、身份低者见面先问候，待对方伸手再握。多人同时握手致意不要交叉，待别人握完再伸手。男子在握手前应先脱下手套、摘下帽子。握手时双目注视对方微笑致意，不要看着第三者握手。

2. 介绍

初次见面，介绍双方的身份是免不了的。在社交场合见面，可由第三者介绍，也可做自我介绍。为他人介绍，要先了解双方是否有结识的愿望，不要贸然行事。无论自我介绍或为他人介绍，做法都要自然。自我介绍时，讲清姓名、身份和单位，对方则会随后自行介绍。为他人介绍时还可说明与自己的关系，便于新结识的人相互了解与信任。介绍具体人时，要有礼貌地以手示意，而不要用手指指点。

3. 鞠躬

鞠躬是日本人最常用的见面礼节。日本是一个极其注重礼节的国家，见面时一般都要互相问候，脱帽鞠躬、眼睛向下，表示诚恳。日本女人温柔、体贴，每天鞠躬无数次，对男子亦十分尊重。除了日本之外，朝鲜人见面也行鞠躬礼。

4. 双手合十

“双手合十”即“合十礼”，又称“合掌礼”，属佛教礼节。在世界范围如泰国、印度及东南亚一些信奉佛教的国家与地区。我国的傣族聚居区也通用合十礼。行礼时，往往低头问候，双手合拢于胸前。晚辈见长辈双手举到前额高度，平辈双手与鼻尖基本齐平，而长辈还礼则只需双手到胸前即可。

3.1.2 店内迎送服务

店内迎送服务主要由门童负责。门童是站在酒店正门入口处负责迎接客人的前厅员工，是酒店形象的具体表现。门童值班时，通常身着镶有醒目标志、精美华丽的制服，显得精神抖擞，营造出一种热烈欢迎客人的气氛，以满足客人受尊重的心理需求。

酒店的门童一般由身材高大、彬彬有礼、目光敏锐及经验丰富的年轻男性担任，在英语里被称为“Doorman”。但也有用气质较好的女性或稳重、讲究礼节的老年男子担任门童的情况。

知识链接

门童的选择

1. 由女性担任门童

由女性担任门童不仅具有独特的魅力，而且能够突破传统，标新立异，受到客人的欢迎，目前国内有些酒店启用女性担任门童。

由女性担任门童的不足之处：一些档次较低的酒店为了节约人力资源，要求门童在负责迎送宾客的同时，也要为客人拎行李，担负起行李员的职责，此时，女性门童则显得“力不从心”，难以胜任。

2. 由长者担任门童

虽然称为“门童”，但这一岗位并非一定得要年轻人担任，气质儒雅、和蔼可亲的老年人同样可以做好门童工作，而且可以成为酒店的一大特色，吸引客人，扩大酒店知名度。

3. 雇佣外国人做门童

除了考虑用女性和长者担任门童外，还可以考虑雇佣外国人做门童，使酒店具有异国情调，树立酒店的国际化形象，可增强对国内外客人的吸引力。

门童通常站在酒店大门的两侧或台阶下、车道边，协助客人上下车，为客人提供拉门服务，工作时要十分注意动作和姿势，站立时挺胸直立、目视前方、表情自然。

1. 迎接服务

（1）客人步行到达酒店时，门童应主动、热情，面带微笑向客人点头致意，并致问候或欢迎语，同时用手势示意方向，为客人拉开大门。

（2）客人乘车到达酒店时，门童应将客人所乘车辆引领到适当的地方停下，以免酒店门前交通阻塞。

（3）趋前开启车门，用左手拉开车门70°左右，右手挡在车门上沿，为宾客护顶，防止宾客碰到头部。提供护顶服务时要注意有两种客人不能护顶，一种是佛教徒，另一种是伊斯兰教徒，因为他们认为这样会把“圣光”遮住。门童可根据客人的穿着、言行举止、外貌及预订信息来判断是否属于以上两种人。如无法判断，则可以把右手抬起而不护顶，并随时做好保护客人的准备。

知识链接

为客人护顶的其他禁忌

对于一些重要领导、知名演艺人员，这类人群都有随从，出于安全和隐私考虑，一般护顶的工作都由其工作人员负责。

对于年轻晚辈，他们出于不习惯，一般都不喜欢有人为他们做这么正规的接待。

还有一些单身女性，她们一般特立独行，不太习惯被照顾。

当然，如果对方行动不便，作为门童不只要护顶，还需要协助对方下车。

作为门童，为客人开车门护顶，要视情况而定，大多数人都不习惯接受这项服务。有需要的客人，在车停稳后也不下车，这时，门童就应该考虑客人需要这项服务：如果客人自己打开车门直接下车，门童就不必再做如此烦琐的事情。作为服务工作者，应考虑客人的感受，以尊重客人、不影响客人、给客人提供方便为主。

(4) 开车门时原则上应优先为女宾、外宾、领导、老年人开车门。如一时不能辨别车内客人的性别、国籍、年龄，应先开朝向台阶一侧的后门，如有必要或需要再开前门，最后开另一侧的后门。

案例赏析

一辆高级轿车向酒店驶来，停在酒店门前，门童小王迎上去看清车上有三位欧美客人，两位男士坐后面，女士坐前排. 小王上前一步，以麻利的规范动作为客人打开后门，做好护顶，再开前门，女士满脸不悦。

(5) 关车门时，提醒客人清点行李，带好个人物品，协助客人提拿行李。

(6) 及时为客人拉开酒店正门，并示意行李员引领客人进入酒店大堂。

(7) 如遇行动不方便的客人，必要时使用酒店轮椅迎接客人。

(8) 若客人乘坐出租车，门童则应记下出租车车牌号，以备查。

(9) 如客人属贵宾，则应按酒店既定的规格进行迎接。

(10) 如遇雨天，若酒店大门没有华盖，门童应准备雨伞，主动撑伞，接客人进入酒店。

2. 送行服务

(1) 客人离店时，门童应主动为客人叫车，将车引至便于客人上车又不妨碍装行李，同时也不影响其他车辆停放的位置。

（2）协助行李员将行李装入汽车后备舱，请客人确认无误后关上后舱盖。

（3）请客人上车，并向客人道别，预祝客人旅途愉快，欢迎客人再次光临。

（4）待客人坐稳后轻轻关上车门，切忌夹住客人的衣裙等。

3. 其他日常服务

1）保持大厅外的环境清洁

门童有责任保持酒店门口和大厅的清洁，看见地上有污迹，应立即通知公共区域部予以清除，发现地上有杂物，应马上捡起投入垃圾桶内。

2）做好门前安保工作

门童应利用其特殊的工作岗位，做好酒店门前的安全保卫工作。注意门前来往行人，保持高度的警惕性，拒绝衣冠不整或职业不明者进店，发现可疑人员应立即汇报，协助保安部做好酒店安全。

3）回答客人问讯

门童应熟悉酒店内外的基本情况，如酒店内有关设施和服务项目，有关会议、宴会、展览会等，以及市区的交通、游览点和主要商业区情况，礼貌回答客人的问讯。

4）指挥疏导门前交通

门童要掌握酒店门前交通、车辆出入及停车场的情况，准确迅速地指示车辆停靠地点；及时疏导车辆，保持门口、车道畅通，维护门口良好秩序，同时还要为有需要的客人安排出租车。

5）检查大门等设备的完好程度

随时检查大门、门口的灯光照明等设备的完好程度，发现问题及时报修。

6）接受雨具寄存

雨天，为避免客人将湿的雨具带入大厅，应确保所有进出的客人存放雨具。雨伞存放在伞架（图 3.1）上，钥匙交给客人保管，雨衣须装入塑料袋，由客人自行保管。

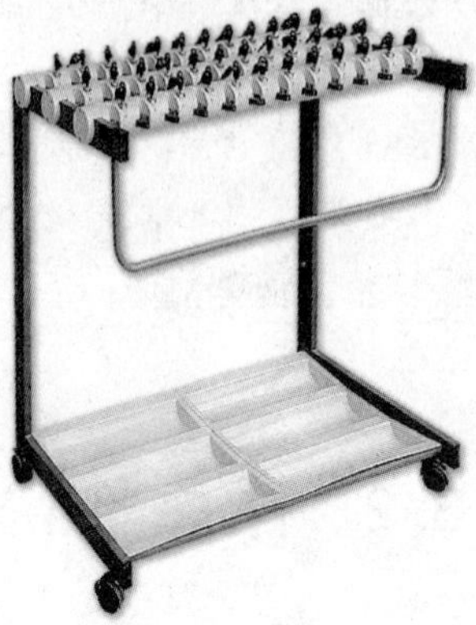

图 3.1 雨伞架

知识链接

门童服务三要素

门童岗是所有出入酒店客人必经的通道。因此，门童的形象在第一时间也代表了客人对酒店的第一感知。那么，作为酒店的咽喉——门童岗，如何让客人在短时间内认可门童的服务，享受到酒店服务的温馨，这就必须要求服务人员在对客服务中具备以下三个要素。

1. 细心观察

只有通过细心观察，才能够抓住对客服务的切入点，进行正确分析，推断出客人下一个服务需求和未来的需求是什么。细心观察包括观察客人到店的交通工具、性别、年龄、衣着、随身物品等信息，从而推断出客人是本地人还是异地人，是商务客人还是政府官员，是刚下飞机还是刚下火车，等等。总之一句话，观察一定要细心，力争达到“窥一斑而知全豹”，不放过客人所流露出的每一点信息、每一个标志、每一个号码、每一个举动，为下一步服务奠定坚实的基础。

2. 适时服务

适时服务，就是要做到适时适地、恰如其分地为客人提供卓越服务，并让客人有所感知，认可其服务。门童要做好以下几点：①时时刻刻都以标准的站立姿势站在自己的岗位上；②细心观察自己视野中即将要通过门庭的客人；③当客人距手拉门 5 米内，面带微笑并用眼神关注客人；④在客人距离手拉门 1.5 米时，迅速用标准的规范动作打开门；⑤在客人通过服务人员面前时，面带微笑点头示意，并用得体的语言问候客人。

3. 愉快道别

门童工作是迎送客人，迎完了客人之后如何送客，是决定服务是否完整的一个衡量标准。只有在客人离开酒店通过门庭时，与客人进行愉快道别，让客人感受到服务之温馨，这样的服务才是标准的、合格的。作为门童，与客道别要做到以下几点：①用眼神去关注客人；②微笑面对客人并点头示意；③在客人即将通过的瞬间打开车门；④配以得体的道别语言；⑤目送客人离开视线，以防客人有其他需求，以便及时进行跟进服务。

3.2 行李服务

酒店的行李服务是由前厅的行李员（Baggage Handler）提供的。行李员在欧美国家又称“Bellboy”、“Bellman”、“Bellhop”和“Porter”，其工作岗位是位于酒店大堂一侧的礼宾部（行李服务处）或电梯旁、总台前，所处位置应使客人容易发现，同时让行李员便于观察客人抵离店时的进出情况，易于与总台协调联系。礼宾部主管（或“金钥匙”）在此指挥、调度行李服务及其他大厅服务。

行李服务包括行李搬运服务和行李寄存服务。

知识链接

行李员的岗位职责

（1）按规定位置站立，站姿要端正，并密切注意客人动态，准备随时为客人提供帮助。

（2）时刻注意接待员的召唤，礼貌引领客人进客房，敏捷地为客人运送行李，并主动为客人介绍酒店的各项服务设施。

（3）要注意确保客人行李的安全，及时准确地帮助客人把行李送到指定地点。

（4）回答客人关于酒店各项服务设施的问讯，并说明酒店的相关规定。

（5）寄存领取手续要清楚，登记要准确，力争不出差错，万一出错则应立即向有关领导汇报。

（6）负责留言、信件、快件的投递，并请收件人签名，填写相应表格。

（7）协助客人在酒店的公共区域呼唤需要找寻的人。

（8）妥善处理客人各项委托代办事项。

（9）做好交接班工作，各项手续要清楚。

（10）严格遵守有关制度及各项服务操作程序。

3.2.1 行李服务程序

每天早晨，礼宾部主管就要认真阅读、分析预订处和接待处送来的“当日预计抵店客人名单”和“当日预计离店客人名单”，以便掌握当日客人的进出店情况。在以上两个名单中，尤其要注意“VIP”和团体客人的抵离店情况，以便做好充分准备，做好人员及工作安排计划。

1. 散客行李服务

1）散客抵店时的行李服务

（1）散客抵店前，行李员应站在规定位置随时迎候客人，看到门童或客人提行李进入大堂，应立即上前接应，并微笑向客人问好，表示欢迎。

(2) 行李员帮助客人卸行李，并检查行李有无破损，请客人过目清点，准确无误后，根据行李的多少决定是否使用行李车（图3.2）。客人的贵重物品和易碎物品，行李员不用主动提拿，如果客人需要帮助，行李员应特别小心，轻拿轻放，防止丢失和破损。

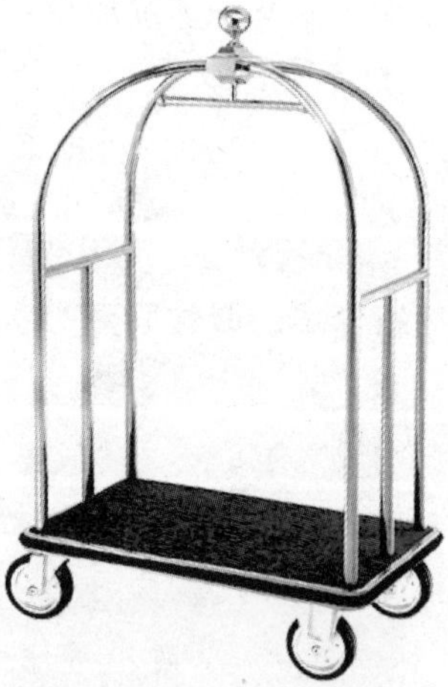

图3.2　行李车

(3) 引领客人到总台接待处办理入住登记手续。引领时要走在客人的左前方，距离二三步远，步伐节奏要与客人保持一致。遇到人多或拐弯处，要微笑向客人示意，以体现对客人的尊重。对于常客或有预订的客人，应尽量称呼客人的姓氏。

知识链接

引领客人时的礼仪

(1) 以前为尊，以右为大的原则。

(2) 女士优先为尊的原则。

(3) 三人同行，以中为尊，右边次之，左边为末。

(4) 接近门口，行李员应超前为客人开门，请客人先进，出门时亦同。

(5) 请客人开始行进时，应面向客人，稍许欠身。

(6) 在行进中与客人交谈或答复其提问时，应以头部、上身转向对方。

(4) 客人办理入住登记手续时，行李员应站在客人身后约1.5米后，看管行李，随时听候接待员和客人的召唤。

(5) 待客人办妥手续后，主动上前从接待员手中领取房卡，并确认房间号，将房号写在行李牌上，引领客人进房间。途中适时向第一次到店的客人介绍酒店的服务项目和设施，对于常客，可介绍酒店近期的营销活动。

(6) 乘电梯时，要注意相关礼节。主动为客人按电梯，并请客人先上，行李员进电梯后，按好电梯楼层，站在电梯控制牌处，面朝客人，主动与客人交流。在电梯行进过程中，遇到其他客人进出，也应主动问候，提供服务。电梯到达后，请客人先出，行李员随后提行李跟出。

知识链接

酒店的刷卡时代

随着国内外星级酒店的不断提升，客人乘坐电梯、入住客房、服务消费和车场停车等，都必须使用踏入酒店时在停车场领用到的第一张卡。一卡在手，可以减少入住一张卡、消费一张卡、停车一张卡，去游泳场经过通道门又一张卡的烦恼，同时又可以使客人感受到尊贵的体验。

刷卡电梯现在在国内部分酒店应用越来越广泛，它的使用可以实行酒店不同场所的分格管理，如酒店带有KTV场所、健康中心场所、西餐厅场所、会议室的楼层都可以通过刷卡来限制使用。

酒店客人乘坐电梯先在电梯感应口刷一下卡才能指令电梯开往抵达楼层，否则电梯只能乘坐到其他不受限制的楼层。

刷卡电梯的使用大大增强了酒店的安全性，当外来无关人员进入酒店，在无人状态下就不能自如进出星级酒店楼层。同时也可以防止无关人员盲目乱用电梯，必须刷卡才能使用电梯，达到电梯节能的目的，大大降低了电梯的使用频率，延长了电梯的使用寿命。

当然，也给了入住客人尊贵的体验。这会让客人觉得电梯是专门为自己安装的。电梯IC卡装置本身可以设定一定的程序。例如，你是酒店的金卡会员，在电梯刷卡，指定楼层后，电梯只会在你指定的楼层停靠。即使电梯运行中间有人呼梯，电梯也只会在送你到站后再响应呼梯命令。

（7）到达客房门口，行李员放下行李，按酒店既定程序敲门、开门，以免接待处售重房间给客人造成不便。

知识链接

酒店门锁盘点

随着科学技术的不断发展，酒店客房门锁已从机械门锁、磁片锁等发展到现在普遍的形式多样的电子感应门锁，如IC卡锁、射频感应锁、TM卡锁、指纹锁等。

作为行李员引领客人进客房，有为客人开房门的工作要求，因此对酒店门锁的了解和使用是其工作技能掌握的内容之一。现就酒店使用较多的两种门锁做一介绍。

1. IC卡锁

IC卡锁因为技术成熟，所以在酒店使用了很长时间。IC卡锁是通过门锁上的插槽来读取卡片，以达到开锁的效果。使用时，将IC卡芯片朝上插入房门插槽，停留至绿色灯亮，拔出卡即可进入。

2. 射频感应锁

射频感应锁是目前酒店使用较多的一种门锁。它是通过射频感应技术（接触）读取开启的信息。使用时只需将房卡放到感应区就能读取，速度快，客人能够容易判断是否成功。

（8）打开房门后，应先开总开关，确定客房属于可售房后，然后退出客房，手势示意客人先进。将行李放在行李架上或按客人的吩咐放好。

（9）介绍房内设施设备及使用方法。注意选择介绍的内容和介绍的方法，避免出现没有意义的介绍，如“这是卫生间”、“这是电视机”等。一般可介绍的内容可以参照如下。

① 介绍该房间楼层紧急疏散图示及安全措施。

② 向客人介绍电话的使用方法，店内各主要服务部门的电话号码，以及介绍床头柜上控制板的电器、照明、温度控制等开关的使用方法。

③ 重点介绍酒店有特色的服务。

④ 扼要说明电视节目内容。

⑤ 打开冰箱，介绍小酒吧服务，并提醒客人注意放在酒吧上的价格表。

⑥ 提示客人洗衣袋、洗衣单摆放位置并介绍洗熨衣服务。

⑦ 介绍卫生间冷热水、晾衣绳及电源的使用方法。

在介绍过程中，始终关注客人的表情及神态，随时回答客人问题。介绍时间不能太长，以免给客人造成索取小费的误解。如果客人曾经住过本酒店，则可不必介绍。

（10）行李员离开客房前，应礼貌地向客人道别，并祝客人住店愉快。

（11）返回礼宾部，填写“散客行李（入店/出店）登记表”（表3-1）。

表3-1 散客行李（入店/出店）登记表

日期（date）：

房号 (room No.)	上楼时间 (up time)	行李件数 (piecer)	迎接行李员 (up porter)	离店时间 (departure time)	离店行李员 (out porter)	车牌号码 (taxi No.)	备注 (remark)

2）散客换房行李服务

住客要求更换房间时，行李员不能将其认为是麻烦，更不能在客人面前表现出不耐烦或不乐意的情绪，要像对待刚入店的客人一样耐心周到。

（1）接到接待处换房通知后，应问清客人姓名、原房和换房后房号，并确认客人是否在客房，领取新的房间钥匙和房卡。

（2）到客人房间时，按进房程序并经住客同意后方可进入。

（3）请客人清点要搬运的行李物品，并小心装上行李车。

（4）待客人进入新的房间，将行李重新放好。如所换房间类型不同，必要时向客人介绍房内设施设备。

（5）收回客人的原房间钥匙和房卡，将新的房间钥匙和房卡交给客人，向客人道别，退出房间。

（6）将原房间钥匙和房卡交回接待处，做好换房记录。

3）散客离店时的行李服务

（1）站立于规定位置，注意大堂内客人动态。客人携行李离店，应主动提供服务。

（2）当接到电话通知，要求去客房收取行李时，应问清客人房号、姓名、行李件数和搬运时间等，做好记录。

（3）进入房门前，先按门铃或敲门，通报身份，经客人同意后方可进房。

（4）与客人清点行李，检查行李是否有破损情况，如有易碎品，则贴上易碎物品标志。

（5）若客人不在房中，应请楼层服务员开启房门，并取出行李，核对件数。注意检查房内有无客人遗留的物品等。

（6）来到大堂后，应先到总台收银处确认客人是否已经结账。若客人未结账，应礼貌地告诉客人收银处的位置。

（7）再次请客人清点行李件数，确认无误后，将行李装车，并提醒客人交回客房钥匙，与客人道别。若客人乘坐的是出租车，应记下车号。

（8）填写散客行李登记表。

2. 团体客人行李服务

团体客人行李服务主要指旅行团客人的行李服务。旅行社一般都备有行李车，由专职的行李运送员负责，酒店行李员只负责店内行李的运送和收取。

1）团体客人抵店时行李服务

（1）团体行李到店时，行李员退出行李车，与行李押运员交接行李，清点行李件数，检查行李有无破损（如发现行李有破损或短缺，应由行李押运员负责，并签字证明，同时通知陪同或领队），然后双方按各项规定程序履行签收手续。

（2）将行李放到指定地点，每件行李拴上行李牌，表明团队号码，放整齐，如需等候用房分配表，则用行李网（图3.3）将行李罩住。注意不同团体的行李之间应留有空隙。

图 3.3　行李网

（3）待客人办理完入住登记手续，行李员接到接待处提供的团体用房分配表后，认真核对客人姓名，准确、迅速地在每张行李牌写上客人房号，然后在团体行李登记表的每一房号后面表明入店的行李件数，以便客人离店时核对。

（4）将写上房号的团队行李装上行李车。装车时应注意，硬件、大件在下，软件、小件在上，并特别留意有“请勿倒置”字样的行李。

（5）将行李送往客房，运送行李时，应遵循“同团同车、同层同车、同侧同车”的原则，小心运送，保证不出差错。

（6）到达客房后，按房号分送行李。将行李放在房门的一侧，按门铃或敲门，客人开门后，主动问候，将行李放到房间，待客人确认无误后，方可离开。如客人暂时不在房间，可请楼层服务员开门，将行李送入房间。注意上下楼层使用员工电梯。

（7）对于行李牌名字不清、无人认领或破损的行李，要妥善保管，及时与陪同和领队（Group Leader）联系，以便解决问题。

（8）分送完行李后，返回礼宾处，填写“团队行李进出店登记表”（表 3-2），并按团体入住单上的时间存档。

表 3-2　团队行李进出店登记表

日期：

团队名称		人数		抵店日期		离店日期	
	时间	总件数	行李押运员	酒店行李员	领队签字	车号	
进店							
离店							
房号	进店行李件数			离店行李件数			行李收取时间
	行李箱	行李包	其他	行李箱	行李包	其他	备注
进店 行李主管 日期/时间				离店 行李主管 日期/时间			

2）团体离店行李服务

（1）根据接待处发出的团队离店表上的通知，与领队和陪同人员主动沟通，确定团队离店的行李运送事宜，确定收取行李时间和件数。

（2）行李员在规定时间内，依照团号、团名及房间号码携行李车到楼层收取客人放在门口的行李，并记录每个房间的行李件数，系好行李牌。如数量不符，应仔细核对，及时报告主管，以便与客人或陪同等联系确认，并注意行李破损情况。

（3）若客人不在房中，门口又无行李，不可擅自开门收取行李，应及时通知值班台，尽快与领队和陪同人员联系。

（4）把行李集中大堂，整齐码放排列，与领队或陪同清点总数，确认无误后，共同签字确认。如果暂时不运走行李，应加罩行李网并妥善看管。

（5）待运送行李的车辆到达后，与行李押运员清点、检查行李，办理交接手续，协助行李押运员将行李装车。

（6）填写“团队行李登记表”并存档。

3.2.2　行李寄存服务

客人在店期间要求寄存行李时，行李员应及时、热情地为客人办理行李寄存手续。前厅行李寄存处一般设在大堂，与总台不远的客人出入通道旁。

1. 对寄存行李的要求

（1）行李房不寄存现金、金银珠宝等贵重物品和身份证、护照等身份证件。这些物品应请客人自行保管，或放到前厅收银处的保险箱内免费保管。已办理退房手续的客人如想使用保险箱，需经大堂副理批准。

（2）酒店及行李房不寄存易燃、易爆、易腐烂、有腐蚀性的物品。

（3）酒店行李房一般不接受活的动物、植物，一些易变质的食品，易碎品及精密仪器等物品的寄存，如坚持寄存，要签免责条款，并做好记录，同时在易碎物品上挂上“小心轻放”的标牌。

（4）若发现有毒品、枪支、弹药等危险物品，应及时上报，妥善处理。

（5）所有寄存的物品原则上都应上锁，或使用封条封好。

知识链接

禁寄物品指导目录

禁寄物品是指国家法律、法规禁止寄递的物品，主要包括以下几类。

（1）各类武器、弹药，如枪支、子弹、炮弹、手榴弹、地雷、炸弹等。

(2) 各类易爆炸性物品，如雷管、炸药、火药、鞭炮等。

(3) 各类易燃烧性物品，包括液体、气体和固体，如汽油、煤油、桐油、酒精、生漆、柴油、气雾剂、气体打火机、瓦斯气瓶、磷、硫磺、火柴等。

(4) 各类易腐蚀性物品，如火硫酸、盐酸、硝酸、有机溶剂、农药、双氧水、危险化学品等。

(5) 各类放射性元素及容器，如铀、钴、镭、钚等。

(6) 各类烈性毒药，如铊、氰化物、砒霜等。

(7) 各类麻醉药物，如鸦片（包括罂粟壳、罂粟花、罂粟苞、罂粟叶）、吗啡、可卡因、海洛因、大麻、冰毒、麻黄素及其他制品等。

(8) 各类生化制品和传染性物品，如炭疽、危险性病菌、医药用废弃物等。

(9) 各种危害国家安全和社会政治稳定，以及淫秽的出版物、宣传品、印刷品等。

(10) 各种妨害公共卫生的物品，如尸骨、动物器官、肢体、未经硝制的兽皮、未经药制的兽骨等。

(11) 国家法律、法规、行政规章明令禁止流通、寄递或进出境的物品，如国家秘密文件和资料、国家货币及伪造的货币和有价证券、仿真武器、管制刀具、珍贵文物、濒危野生动物及其制品等。

(12) 包装不妥，可能危害人身安全，污染或者损毁其他寄递件、设备的物品等。

(13) 各寄达国（地区）禁止寄递进口的物品等。

(14) 其他禁止寄递的物品。

2. 行李寄存服务标准

(1) 客人寄存行李时，行李员应主动问候客人，热情接待，礼貌服务。

(2) 确认客人身份，请客人出示房卡，确认客人为住店客人，外来客人的行李原则上不予寄存。

(3) 礼貌询问客人寄存的行李中，是否有贵重物品和需要特殊处理的物品，并做好记录。

(4) 问清提取时间、行李件数、姓名、房号，检查行李完好程度、上锁情况，如发现问题，应当面向客人说清楚，并在行李寄存卡上注明。

(5) 请客人填写“行李寄存卡”（图 3.4），并签名确认。

行李寄存卡（寄存联）	
姓名 NAME ____________	
房号 ROOM NO. ____________	
行李件数 LUGGAGE ____________	
日期 DATE ____________	时间 TIME ____________
客人签名 GUEST' S SIGNATURE ____________	
行李员签名 BELLBOY' S SIGNATURE ____________	

行李寄存卡（提取联）	
姓名 NAME ____________	
房号 ROOM NO. ____________	
行李件数 LUGGAGE	
日期 DATE ____________	时间 TIME ____________
客人签名 GUEST' S SIGNATURE ____________	
行李员签名 BELLBOY' S SIGNATURE ____________	

图 3.4 双联行李寄存卡

（6）将行李提取联交给客人，并向客人简要说明注意事项。

（7）将行李寄存联挂在行李上，放入行李房，寄存两件以上的行李，应用绳子把它们拴在一起。填写行李寄存记录本，注明行李存放的件数、位置及存取日期等情况。

（8）当班未领取的行李，应注意与同事交接清楚。

3. 行李提取服务

（1）当客人来提取行李时，应主动问候，请客人出示行李提取联，并当场请其签名，礼貌询问客人行李的颜色、大小、形状、件数、存放的时间等，以便查找。

（2）将行李物品从行李架上取下，仔细核对行李寄存卡的两联，并注意签名是否一致，确认无误后，将行李交给客人，与客人道别。

（3）将寄存卡的两联装订在一起，并填写行李寄存记录本。

（4）如客人丢失寄存卡，行李员要请客人出示有效证件，并复印留底备查。同时请客人说出自己的姓名、房号、行李件数、行李特征、寄存时间等，并要求客人写出行李已取的证明并签名，还要在行李寄存记录本上注明情况。

（5）如不是客人本人来取行李，要请其出示有效证件并复印留底，询问原寄存人的姓名、房号、行李的件数、特征，收回寄存卡提取联，注意核对寄存卡的两联，并请其签名。同时做好记录和存档工作。

4. 行李寄存服务的注意事项

（1）如客人没有能证明其身份的证件或证明，均不能把行李交给客人，可设法进一步采取措施证明客人身份。

（2）客人取行李时无卡，若没有客人的书面证明或寄存的客人没有说明由别人代领，寄存物品一律不能交给来人。

（3）对于长期无人认领的行李，应报部门经理处理。

（4）行李员在为客人办理行李的寄存和提取业务时，一定要求按规定的手续进行，绝不可因为与客人“熟”而省去必要的行李寄存手续，以免引起不必要的纠纷，或为客人造成损失或带来不必要的麻烦。

案例赏析

午后12点多，客人钱经理提行李箱走出电梯，径直往总台旁行李房走去。正在行李房当班的行李员小徐热情地与客人打招呼，并询问客人是否需要帮助。钱经理在本地的事情已顺利处理完毕，现在想暂时寄存行李，并打算于下午6点之前取走。小徐认为钱经理是酒店的常客，于是没有为客人办理相关的寄存手续。小徐在钱经理没取走行李之前与小李交接班，交接班时忘记提醒小李关于钱先生行李寄存的事情，就下班离店了。

4点50分左右，钱经理来取行李，小李按照工作程序要求钱经理出示行李牌，可是小徐并未给钱经理办理寄存手续，而小徐此时又在回家的路上，钱经理要赶6点半的飞机，这给钱经理带来不必要的麻烦。

3.3 金钥匙服务

金钥匙的全称为“国际酒店金钥匙组织（Union Internationale Des Concierges D’hotels，UICH）”。

“金钥匙”的英文为“Concierge”，最早起源于法国，原意为钥匙保管者，指古代酒店的守门人，负责客人的迎来送往和酒店钥匙的保管，现在被称为礼宾司。金钥匙是一种委托代办的服务概念，既是一种专业化酒店服务，又是指一个国际性的酒店服务专业组织，同时还是对具有国际金钥匙组织会员资格的酒店的礼宾部职员的特殊称谓。

知识链接

Concierge 的来源

Concierge 一词的来源有两种说法：一种说法是来源于拉丁语“Conserves”，即“服务”一词的现在时，与 Concierge 即“金钥匙”一词已有很大差别。另一种说法是来源于古代法语中的“Comers”，意为“发育”。到了 12 世纪，法国出现了一种“蜡烛伯爵”的贵族官衔，取名“Comtedescierges”即“宫廷看门人”。后来，这个头衔逐渐演变成了“Concierge”，即礼宾服务的代名词，被引入酒店管理中，则称为“金钥匙”服务。到目前为止，这种“金钥匙”服务已在国际高星级酒店中得到了普及。

金钥匙服务最早是由以费迪南德·吉列特（Ferdinand Gilliat）先生为代表的一群法国人在 1929 年提出，他们将“客人委托，酒店代办”式的个性化服务上升为一种理念。1952 年，在此基础上成立了酒店业委托代办的组织——金钥匙组织（图 3.5），费迪南德·吉列特先生也被称为“金钥匙之父”。经过多年的发展，国际酒店金钥匙组织已拥有超过 4 500 名来自 34 个国家的金钥匙成员。1997 年 1 月，在意大利首都罗马举行的国际金钥匙年会上，中国被接纳为国际酒店金钥匙组织的第 31 个成员国（图 3.6）。

图 3.5　国际金钥匙组织标志

图 3.6　中国金钥匙组织标志

随着酒店业的发展，金钥匙的工作范围不断扩大，金钥匙已成为为客人提供全方位、一条龙服务的岗位，只要不违反道德和法律，金钥匙尽力办到任何事情，以满足客人的要求。这些服务从代办修鞋、补裤到承办宴会酒席，从订票租车到旅游线路安排，甚至可以帮客人把宠物送到地球的另一边的家中。在酒店里，只要找到“金钥匙”，他们就会竭尽全力为客人安排好一切，使客人获得“满意加惊喜”的服务。

3.3.1 “金钥匙”服务理念

“金钥匙”服务理念具有共同的价值观、人性化的科学方法和共同的追求目标，“金钥匙”在为客人带来方便、欢喜和自信的同时，也给自己带来了同样的感受。“金钥匙”服务理念给酒店带来了清新的服务理念和服务价值观，它对原有的服务思想和服务观念产生了强烈的影响和冲击。可以说，“金钥匙”服务理念是星级酒店服务的最高境界，是所有酒店人孜孜追求的最高目标，“金钥匙”服务是新形势下高星级酒店服务的新形势和新发展。

1. “金钥匙”服务理念的内容

（1）酒店“金钥匙”的服务宗旨：在不违反法律和道德的前提下，为客人解决一切困难。

（2）酒店“金钥匙”为客人排忧解难，“尽管不是无所不能，但一定要竭尽所能”，要有强烈的为客服务意识和奉献精神。

（3）为客人提供满意加惊喜的个性化服务。

（4）酒店“金钥匙”组织的工作口号是“友谊、协作、服务（Service Through Friendship）”。

（5）酒店“金钥匙”的人生哲学：在客人的惊喜中找到富有乐趣的人生。

2. “金钥匙”服务理念的精髓

（1）价值观：先利人，后利己。有了全新的服务意识和先人后己的价值观才能做好酒店服务工作，特别是“金钥匙”服务工作。

（2）方法：用心极致，满意加惊喜。它要求所有酒店、宾馆的服务人员和工作人员，都要全力以赴，竭尽所能地为客人提供高质量、全方位、个性化的服务，不能有丝毫懈怠，尽可能地让客人有超值享受或者有额外的惊喜。

（3）目标：在客人的惊喜和满足中，在客人满意的眼神和赞许声中实现自己的人生价值。

案例赏析

某日，南京金陵酒店的“金钥匙”打电话给广州白天鹅宾馆的“金钥匙”，称该店一名已赴广州的住客误拿了一位新加坡客人的行李，请求广州方面协助查寻。白天鹅宾馆的“金钥匙”获悉后，立即赶赴机场截回了被误拿的行李，但当他们回复金陵酒店的“金钥匙”时，“金陵”却说这名新加坡客人已飞赴香港。于是，他们又与香港“金钥匙”联系，香港“金钥匙”接报后，马上在香港机场找到新加坡客人，告之他的行李找到了，而这位客人因急于赶回国则要求他们将其行李从广州直接寄运至新加坡。根据这种情况，他们以特快专递将客人行李发送新加坡，然后再次与新加坡的同行落实此事。几天后，新加坡“金钥匙”回电，这件几经周折的行李已完璧归赵，安全送回客人手中。

3.3.2　“金钥匙”素质要求

“金钥匙”以先进的服务理念，真诚的服务思想，通过其广泛的社会联系和高超的服务技巧，为宾客解决各种各样的问题，创造酒店服务的奇迹。因此，“金钥匙”必须具备很高的素质及要求。

1. 思想素质

（1）遵守国家法律、法规，遵守饭店的规章制度，有高度的组织纪律性。

（2）敬业乐业，有耐性，热爱本职工作，有高度的工作责任心。

（3）遵循“客人至上，服务第一”的宗旨，有很强的顾客意识、服务意识。

（4）有热心的品质，乐于助人。

（5）忠诚。国际金钥匙协会组织对“金钥匙”的最基本要求就是忠诚，包括对宾客忠诚、对酒店忠诚、对社会和法律忠诚，不弄虚作假，有良好的职业道德。

（6）有协作精神和奉献精神，个人利益服从国家利益和集体利益。

（7）谦虚、宽容、积极、进取。

2. 能力要求

（1）交际能力：彬彬有礼，善解人意，乐于和善于与人沟通。

（2）语言表达能力：表达清晰、准确。

（3）身体健康，精力充沛。能适应长时间站立工作和户外工作。

（4）有耐性。

（5）应变能力。能把握原则，以灵活的方式解决各种问题。

（6）协调能力：能够建立广泛的社会关系和协作网络，能正确处理好与相关部门的协作关系。

3. 业务知识和技能要求

（1）熟练掌握本职工作的操作流程。

（2）通晓多种语言。

（3）掌握中英文打字、电脑文字处理等技能。

（4）掌握所在宾馆的详细信息资料，包括饭店历史、服务设施及服务价格等。

（5）熟悉本地区三星级以上饭店的基本情况，包括地点、主要服务设施、特色和价格水平。

（6）熟悉本市主要旅游景点，包括地点、特色、服务时间、业务范围和联系人。

（7）掌握一定数量的本市高档、中档、低档的餐厅、娱乐场所和酒吧的信息资料，包括地点、特色、服务时间、价格水平和联系人。

（8）能帮助客人购买各种交通票据，了解售票处的服务时间、业务范围和联系人。

（9）能帮助客人安排市内旅游，掌握其线路、花费时间、价格及联系人。

（10）能帮助客人修补物品，包括手表、眼镜、小电器、行李箱及鞋等，掌握这些维修处的地点和服务时间。

（11）能帮助客人邮寄信件、包裹和快件，懂得邮寄事项的要求和手续。

（12）熟悉本市的交通情况，掌握从本饭店到车站、机场、码头、旅游点及主要商业街的路线、路程和出租车价格（大约数）。

（13）能帮助外籍客人解决办理签证延期等问题，掌握有关单位的地点、工作时间、联系电话和手续。

（14）能帮助客人查找航班托运行李的去向，掌握相关部门的联系电话和领取行李的手续等。

知识链接

中国酒店“金钥匙”组织会员的资格要求

（1）在酒店大堂柜台前工作的前厅或礼宾部高级职员才能被考虑接纳为“金钥匙”组织的会员。

（2）21岁以上，人品优良，相貌端庄。

（3）从事酒店业5年以上，其中3年必须在酒店大堂工作，为酒店客人提供服务。

(4) 有两位中国酒店金钥匙组织正式会员的推荐信。

(5) 一封申请人所在酒店总经理的推荐信。

(6) 过去和现在从事酒店前台服务工作的证明文件。

(7) 掌握一门以上的外语。

(8) 参加过由“中国酒店金钥匙”组织的服务培训。

案例赏析

几年前，世界首富、电脑软件大王比尔·盖茨（Bill Gates）应邀从香港来广州白天鹅宾馆演讲，拟取道番禺南沙经沙窖岛抵广州，为了避免交通不便而影响惜时如金的盖茨紧张的日程，香港微软公司向宾馆提出了最好能调用直升机，开辟从南沙到沙窖岛的特别通道的设想。宾馆销售部把这一难度极高的任务交给前台礼宾部办理。

接到任务后，礼宾部紧急行动起来。有关人员先与南航直升机公司联系，根据其要求，从省政府安全厅拿到同意的介绍信，再到广州军区司令部作战处办手续，由他们审核飞行图，经批准并获南航认可后，礼宾部与南航有关人员一起赴实地考察地形。他们先在南沙港口选好停机位置，清场，清除地面沙子、沙井盖，并落实当地派出所负责安全保卫，然后到沙窖岛一鱼塘边的空地上选好停机坪，用红布铺成停机标志，并用红地毯铺至离码头几十米的地方，以便让盖茨下机后，用专车送到码头……为了防止意外，有关人员又主动提出第二套和第三套应急方案。

这一天，盖茨从香港乘飞翔船抵达南沙，礼宾司三组人员分别在南沙、沙窖岛和珠江边“白天鹅”码头三地用对讲机反复联络……然而，天有不测风云，由于当时珠海的天气不好，珠海的直升机无法飞抵南沙，结果被迫取消原计划，而启用第二套应急方案，从飞天空改为走陆路。由警车开道，盖茨一行乘坐的三辆车只用45分钟便抵达沙窖岛，然后换乘快艇（另有一艘备用），顺利抵达珠江之滨的白天鹅宾馆。

完成这一艰巨的特殊使命的就是广州白天鹅宾馆的“金钥匙”。

本章小结

- 礼宾服务是酒店前厅服务的“窗口”，是给客人留下第一印象和最后印象的关键服务阶段。礼宾服务实际上就是向客人提供店内外的迎送服务、行李服务、“金钥匙”服务和其他的一些服务，是客人心目中真正的“酒店代表”。

- 由酒店代表提供的店外迎送服务是前厅礼宾服务的延伸，也是酒店整体对客服务的延伸和扩展。门童是客人抵店后遇到的第一位酒店服务员，其服务水平的高低直接影响着客人对酒店的第一印象。门童看似简单，却涉及礼宾礼仪的众多知识，同时，门童工作的高重复性也时时考验着员工的意志和耐心。
- 行李装载着客人出行的用品和旅途的收获，无论其贵重与否，对客人都十分重要。为客人提供周到的行李服务，是每个行李服务员必须做到的事情。按照行李服务程序和标准进行操作，能帮助行李员更好地为客人提供优质、高效的服务。
- “金钥匙”发展到今天，已不仅仅是某一个人、某一个称呼、某一种岗位、某一个服务品牌。它是一种服务理念，是最高的服务境界，是一种崭新的、先进的酒店文化。酒店只有很好地理解、传承其服务理念，才能将金钥匙服务发挥到极致。

思　考　题

一、单选题

1. 店外迎送服务主要由（　　）来负责。

A. 酒店代表　　B. 门童　　C. 行李员　　D. 礼宾司

2. 店内迎送服务主要由（　　）负责。

A. 酒店代表　　B. 门童　　C. 行李员　　D. 礼宾司

3. 门童在迎送客人时，应注意对（　　）客人不能护顶。

A. 基督教　　B. 伊斯兰教　　C. 道教　　D. 天主教

4. 行李员在引领客人到总台接待处办理入住登记手续时，要走在客人的（　　）。

A. 左前方　　B. 右前方　　C. 并排同行　　D. 后方

5. 运送团体客人行李时，（　　）不是要遵循的原则。

A. 同层同车　　B. 同侧同车　　C. 同团同车　　D. 同房同车

6. （　　）在意大利首都罗马举行的国际金钥匙年会上，中国被接纳为国际酒店金钥匙组织的第31个成员国。

A. 1995年　　B. 1996年　　C. 1997年　　D. 1998年

二、判断题

1. 门童为客人开车门时，原则上应优先为女宾、外宾、领导、老年人。（　　）

2. 为了向客人提供优质服务，行李员见客人到来，必须接过客人手中的任何行李。（　　）

3. 散客离店时，若客人不在房中，行李员可直接开启房门，取出行李。（　）

4. 行李房可以寄存很多物品，如现金、金银珠宝等贵重物品和身份证、护照等身份证件，只要清点仔细，均可以寄存。（　）

5. “金钥匙”服务理念是星级酒店服务的最高境界，是所有酒店人孜孜追求的最高目标。（　）

三、简答题

1. 简述机场代表的工作程序。

2. 门童的工作内容有哪些？

3. 简述酒店行李服务程序。

4. 酒店行李寄存服务的要求有哪些？

5. 简述酒店行李寄存的标准。

6. 简述金钥匙的服务理念。

7. 金钥匙应具备哪些素质要求？

四、实训题

1. 情景模拟，分组操作门童迎接散客抵店服务和团队抵店服务。

2. 设置情境，分组模拟散客行李服务、团队行李服务、行李寄存服务及换房行李服务。

3. 考察本地酒店金钥匙现状，了解实际情况，完成调查报告，并结合自身思考如何才能做一名金钥匙。

4 前台服务

内容概要

1. 接待业务
- 入住登记服务；
- 入住登记常见问题及处理；
- 商务楼层接待业务。

2. 收银业务
- 离店结账服务；
- 外币兑换服务；
- 贵重物品保管；
- 夜间核账。

学习目标

（1）了解前台接待工作的各项业务及工作程序。
（2）掌握入住登记服务程序及客房分配的艺术。
（3）学会处理接待工作中的常见问题。
（4）了解商务楼层的运作情况。
（5）熟悉客人离店结账程序。
（7）了解外币兑换，以及贵重物品保管的要求和标准。
（8）熟悉夜间核账业务。

前台服务工作主要包括入住登记、客房分配、办理结账业务及夜间核账等项工作。对前台服务的管理，是前厅管理工作的核心内容。前台员工除了要为客人提供主动、热情、周到、礼貌的服务以外，还要增强销售意识，提高工作效率，尽可能缩短客人办理入住登记和离店结账的时间。

案例赏析

一位外国客人第一次前往酒店入住，前台接待员从登记卡上看到客人的名字，迅速称呼他以示欢迎，客人先是一惊，而后作客他乡的陌生感顿时消失，显出非常高兴的样子。这说明简单的词汇能够迅速缩短彼此间的距离。

一位 VIP 随陪同人员来到前台登记，服务人员通过接机人员的暗示，得悉其身份，马上称呼客人的名字，并递上打印好的登记卡请他签字，使客人感到自己的地位不同，由于受到超凡的尊重而感到格外的开心。

[**评析**]：国内著名的饭店规定：在为客人办理入住登记时至少要称呼客人名字三次。前台员工要熟记客人的名字，尽可能多地了解他们的资料，争取在他们来店报家门之前就称呼他们的名字，当再次见到他们时能直称其名。这是作为一个合格服务员最基本的条件。当然，还可以使用计算机系统，为所有入住的客人作出历史档案记录，为客人提供超水准、高档次的优质服务，把每一位客人都看成是 VIP，使客人从内心感到酒店的热情与周到。

4.1　接待业务

前台接待是酒店对客服务的重要环节，主要负责为客人办理住宿登记、安排分配房间、销售客房及收银等对客服务，是前厅服务与管理的中枢机构，也是客人在抵达酒店后，接受的第一个最为正规的服务。

4.1.1　入住登记服务

任何酒店，无论其规模大小、档次如何，客人入住到酒店，都必须首先办理入住登记手续。入住登记是对客接待服务全过程的一个必要、关键的阶段，其工作效率直接影响前厅功能的发挥。为使客人在入住时顺利高效地完成入住登记，接待员应在保证服务质量的前提下，针对不同类型的客人做好充分的准备。

1. 入住登记的目的

1）遵守国家法律中有关户口管理的规定

这是酒店对国家应尽的义务。我国有关法律明确规定，境外客人及国内旅客在宾馆、酒店、招待所等住宿，应当出示护照或身份证等有效证件办理入住登记手续方可入住。旅店管理人员对住宿旅客不按规定登记，是违反户口管理规定的行为，将受到处罚。

2）办理入住登记手续

这是酒店与客人之间建立正式的合法关系的最根本的环节。通过入住登记，客人确定了房号、房价、住宿日期、付款方式等基本的事项，这标志着酒店与客人之间正式合法的经济关系的确立。一方面，酒店不接纳客人是违反常规的；另一方面，客人在办理了入住登记手续以后，必须愿意并有能力支付其在酒店入住期间的各项费用，否则就是违法行为。因此，只有完成了入住登记手续，酒店与客人之间的责任与义务、权利与利益才能明确。同时，与客房预订相比，只有客人办理了入住登记手续，才使酒店的潜在客人成为现实的客人。

3）满足客人对房间及房价的要求

通过办理入住登记，接待员向客人介绍客房与房价，回答客人各种问讯，使客人了解酒店的客房和房价，并由此进行选择。所以，办理入住登记手续，不仅推销了客房，而且满足了客人对客房和房价的要求，同时还能根据不同客人的心理需求，抓住时机积极地为客人介绍酒店提供的各种设施和服务项目，从而为酒店带来经济效益和社会效益。

4）获得客人的个人资料

通过办理入住登记，酒店可以获得住客的相关个人资料，这些资料将有助于接待员制作出各种相关表格和文件，更是有助于为客人提供个性化的服务，建立客史档案，有利于今后酒店的经营与服务。

2. 入住登记的程序及要求

为客人办理入住登记手续的部门是接待处。接待员要向客人提供住宿登记表，负责查验客人有关证件，为客人分配房间，并指示行李员引领客人进客房。

为客人办理入住登记程序随对象的不同而不同，可以分为六个步骤：①识别客人有无预订；②填写入住登记表；③排房定价；④确定付款方式；⑤完成入住登记手续；⑥制作相关表格。

1）散客入住登记程序

散客指已办理预订或无预订直接抵店的零散客人。

（1）识别客人有无预订。抵店的客人可以分为已经办理了订房手续的客人和没有预订直接抵店的客人。在办理入住登记手续时对两类客人的接待方式是有区别的。所以当客人来到接待处时，接待员应面带微笑，主动致意问候，询问客人有无预订。

对于已经订过房的客人，接待员应核对当日抵店客人名单，迅速查找其订房资料，复述并核对客人的订房要求，包括客房类型、住宿天数、订金数及客房价格，请客人出示有效证件，填写入住登记表。

若客人持有订房凭证，接待员应将副本留下，作为向代理机构结算的凭据，向客人复述凭证所列各项内容，包括客人姓名、酒店名称、房间类型和数量、抵离店日期、住店天数及预订凭证发放单位的印章等，并回答客人询问。

对于已付订金的客人，应向客人确认已收到的订金数额。

对于未预订而直接抵店的客人，接待员应问清客人用房要求，同时查看当日客房状况显示情况，判断能否满足客人的要求。若能提供客人需要的客房，则开始填写入住登记表，若暂不能满足客人的要求，可用建议的方式向客人积极推销其他房型，设法使这类客人入住酒店。如果确实不能满足客人的要求，也应设法为客人联系其他酒店，尽量帮助客人，以塑造酒店在客人心目中的良好形象。

（2）填写入住登记表。酒店设计的入住登记表的格式和项目不尽相同，但内容一般包括两类：一类是国家法律对户口管理所规定的登记项目，如客人的姓名、国籍、出生年月、地址、有效证件、职业等；另一类是酒店在运行和管理中需要了解的登记信息。入住登记表分为国内旅客住宿登记表（表 4-1）和境外旅客临时住宿登记表（表 4-2）。填表总的要求是不缺项、不漏项、字迹清晰、外文缩写规范。

表 4－1 国内旅客住宿登记表

编号：　　　　房号：　　　　房租：

<table>
<tr><td>姓名</td><td>性别</td><td>年龄</td><td colspan="2">籍贯</td><td>工作单位</td><td>职业</td></tr>
<tr><td></td><td></td><td></td><td colspan="2">省 市 县</td><td></td><td></td></tr>
<tr><td>户口地址</td><td colspan="4"></td><td>从何处来</td><td></td></tr>
<tr><td colspan="3">身份证或其他有效证件</td><td colspan="2"></td><td>证件号码</td><td></td></tr>
<tr><td>抵店日期</td><td colspan="2"></td><td colspan="2">离店日期</td><td colspan="2"></td></tr>
<tr><td rowspan="3">同宿人</td><td>姓名</td><td>性别</td><td>年龄</td><td>关系</td><td rowspan="3">备注</td><td rowspan="3"></td></tr>
<tr><td></td><td></td><td></td><td></td></tr>
<tr><td></td><td></td><td></td><td></td></tr>
<tr><td colspan="5">注意事项：
1. 退房时间是中午 12：00
2. 贵重物品请存放在收款处的免费保险箱内，否则如有遗失酒店概不负责
3. 来访客人请在晚上 23：00 前离开房间
4. 离店请交回钥匙
5. 房租不包括房间里的饮料费用</td><td colspan="2">预付款：__________
付款方式：
☐现金
☐信用卡
☐旅行支票
☐旅行社凭单
☐其他</td></tr>
<tr><td colspan="5">客人签名：</td><td colspan="2">接待员签名：</td></tr>
</table>

填表人：　　　　日期：

表4-2 境外旅客临时住宿登记表

英文姓 surname	英文名 first name	性别 sex
中文姓名 name of chinese	国家或地区 country of area	出生日期 date of birth
证件种类 type of certificate	证件号码 certificate No.	
签证种类 type of visa	签证有效期至 visa valid until	
抵达日期 date of Arr.	离开日期 date of Dept.	
何处来 Arr. from	何处去 Dept. to	
接待单位 host organization	停留事由 object of stay	房号 room No.
地址 address		
客房价格 room rate	付款方式 form of payment	
备注 remarks	请将贵重物品及现金存入前台保险箱 please deposit valuables and cash in the hotel safe	
		宾客签名 Box Signature

在办理客人入住登记手续中，花费时间最多的就是请客人填写入住登记表。因此，接待员应在保证质量的前提下，尽其所能地为客人缩短办理入住登记手续的时间，提高效率。

对于已经办理预订手续的散客，酒店在客人预订时已掌握了较为完整的资料，所以，酒店在客人抵店前将相关信息输入计算机内，自动打印出登记表，形成预先登记。当客人抵店时，核对信息，如果没有异议，在查验身份证件后，请客人签名即可。

对于预订的VIP及常客，因酒店掌握的信息较全面，所以对客人抵店前的准备工作可做得更充分、更具体。接待员可根据客人的预订单和客史档案的内容，提前准备好登记表、房卡、钥匙卡，并装入信封，客人抵店时，在查验身份证件后，只需签名确认即可入住客房。目前，绝大部分的酒店让VIP享受在房内登记的特殊礼遇。

对于团队和会议客人，可以依据排房名单和接待要求提前安排好客房，并准备好钥匙、信封、登记表、房卡、酒店促销宣传册及用餐券等，提前交给陪同，让团队客人在抵店途中或抵达酒店后在指定区域内填写。

对未办理预订的抵店客人，请他们填写空白登记表并尽量帮助客人填写，以缩短客人办理入住登记表的时间。如解释表中内容，或代为填写登记表，只请客人签名就好。一般，预分房的时间通常是提前半天或一天。VIP、常客、长包房客人或重要团队客人提前更多时间进行预分房，甚至可在客人订房后立即为其分配好客房，并管制“封锁”好房号，必要时可告知 VIP 的预分房号。

知识链接

如何验证身份证件

证件种类可以按照国内旅客持用证件和境外旅客持用证件分为两类。

国内旅客持用证件主要包括中华人民共和国居民身份证、身份证回执、临时身份证、中国护照、军官证、士兵证、文职干部证、军警老干部离休荣誉证、军警老干部退休证明书、一次性住宿有效凭证、港澳居民来往内地通行证（回乡证）及台湾居民来往大陆通行证等。

境外旅客持用证件主要包括中华人民共和国旅行证、中华人民共和国入出境通行证、外国人持有的护照及签证。

在查验证件时，①注意证件有无涂改、伪造；②核对照片是否与持证人相符；③核对登记表内容是否与证件一致，是否正确、齐全；④注意证件的有效期、入境日期和入境口岸；⑤注意验证完毕归还证件时，应礼貌地称呼客人的姓氏，并向客人表示感谢。

（3）排房定价。排房，也称分房。接待员应根据客人在登记表中的住宿要求立即为客人安排房间。对于办理了预订手续的客人可以提前做好排房工作；对于 VIP、团体客人，以及有特殊要求的客人抵店前，前台应根据他们的订房资料完成排房工作；对其他订房客人，前台也应根据其要求及抵店时间，对客房做好大致的安排。

不同类型客人的排房优先顺序：①VIP 和常客；②团体客人或会议客人；③已付订金的预订散客；④有特殊要求的预订客人；⑤要求续住的客人；⑥确认预订的客人（有航班号和抵达时间）；⑦无预订直接抵店的客人；⑧临时预订的客人。

不同房态的排房优先顺序：①已清洁的空房；②走客房；③当日欲退房（按欲退房的时间先后依次分给预订到店的客人，先到的优先）；④机动房；⑤酒店自用房；⑥轻微损坏房。

排房技巧包括以下内容。

① 对于 VIP 应选留同类房间中安全保卫、设备保养和环境等都处于最佳的房间。

② 常客要予以照顾，尽量安排其以前住过并感到满意的房间。

③ 长住客要尽可能集中在较低的一个楼层。

④ 尽量将团体客人安排在同一楼层或相近楼层。这样既便于团体客人之间的联系和管理，又可以为下一个团队入住留下大量的空余房间，有利于提高住房率。所以在客人尚未抵店时，就应为他们提前预排房。

⑤ 对老年人、行动不便者、带小孩的客人应尽量安排在较低楼层靠近服务台或电梯口的房间。

⑥ 由于内外宾在语言和生活习惯上差异较大，为了避免造成误解和隔阂，要将他们安排在不同的楼层。

⑦ 对于不同民族、不同宗教信仰的客人应尽量安排在不同的楼层。

⑧ 对于竞争对手、敌对国家的客人也要分楼层安排。

⑨ 注意房间号码的忌讳。例如，西方人忌“13”，我国有一些地区的客人忌带有“4”的楼层和房号。所以一些酒店的“13”或带有“4”的楼层和房号均用其他数字代替。

⑩ 在淡季，从经营和保持市场形象的角度出发，可集中安排朝向街道的房间。还可以封闭一些楼层，而集中使用几个楼层的房间，以节约能耗，便于集中维护及保养一些客房。

需要注意的是，除 VIP 和常客外，不可过早地对客人订房的房号予以承诺，以免造成因一些原因不能满足客人，而失信于客人的印象，只可答应尽量为其争取。接待员在排房的工作中，必须熟悉每间客房的位置、朝向、客房的优缺点及设备的运转、房价等具体情况，从而进行有针对性的排房。

客房确定以后，接待员就可以在价格折扣范围内，或根据酒店的信用政策规定进行定价。对于办理预订的客人，必须遵守预订确认书中已表明的价格，不能随意更改。对于事先没有预订而直接抵店的客人，应热情地向客人推荐、介绍客房并报价和定价。房价确定后，注意向客人重复，得到客人的确认。

（4）确定付款方式。确定付款方式的目的是为了确定客人住店期间的信用限额，加快退房结账时的速度，并确保酒店的利益不受损害。客人常用的付款方式有现金支付、信用卡支付、转账支付、支票支付、有价订房凭证支付及他人代付等。

① 现金支付。对于酒店来说，客人以现金支付风险小，最利于周转。但要注意客人入住时需要缴纳一定数额的预付金，以防发生逃账现象。接待员应根据酒店预付款政策，确定客人需要交纳的押金金额，并根据客人交付的押金的数额，决定给予客人的信用限额。

② 信用卡支付。如果客人采用信用卡结账，则接待员要确认客人所持的信用卡是否属于中国银行规定的能在本酒店使用的信用卡之列，辨别住客是否为持卡人，且信用卡完好并在有效期内，并在 POS 机上做信用卡预授权，将以印制好的信用卡签购单与制作的账单一起交收银处。

③ 转账支付。不仅可以大大简化客人抵离店账务手续，而且可以促进公司、旅行社等客源组织单位不断为酒店带来新的、更多的客源。因此，酒店对这些客户单位的

信用、财务状况等应有清楚的了解和认识。接待员注意要向客人当面说明转账款项及自付项目的有关手续及规定。

④ 支票支付。通常国内企业、公司等用支票付款，国外客人使用旅行支票支付费用。因此，酒店有关部门必须加强对前台接待员和收银员有关核对支票的业务培训。在实际操作中要注意：拒收字迹不清和过时失效的支票；核查支票持有者的有效身份证件并登记；对于有背书的二手支票，应请客人再次背书；对于疑惑之处，接待员或收银员应当面问清，并立即向财务主管负责人汇报或向银行查询。酒店也可使用计算机系统和银行计算机系统联网，及时验证支票，严防空头支票的现象发生。

知识链接

支票和旅行支票

支票是以银行为付款人的即期汇票，可以看做汇票的特例。支票出票人签发的支票金额，不得超出其在付款人处的存款金额。如果存款低于支票金额，银行将拒付。这种支票称为空头支票，出票人要负法律上的责任。

支票可分为现金支票和转账支票。支票一经背书即可流通转让，具有通货作用，成为替代货币发挥流通手段和支付手段职能的信用流通工具。运用支票进行货币结算，可以减少现金的流通量，节约货币流通费用。

酒店使用较多的还有旅行支票，它是银行或旅行社为旅游者发行的一种固定金额的支付工具，是旅游者从出票机构用现金购买的一种支付手段。旅行支票金额比较小，没有指定的付款人和付款地点，可在出票银行、旅行社的国外分支机构或代办点取款。旅行支票使用起来比较安全，旅行者在购买旅行支票和取款时，须履行初签、复签手续，两者相符才能取款。旅行支票的汇款人同时也是收款人，其他支票只有先在银行存款才能开出支票，而旅行支票是用现金购买的，类似银行汇票，只不过旅行支票的汇款人同时也是收款人，而且不规定流通期限。由于发行旅行支票要收取手续费，占用资金不用付息，有利可图，所以，各银行和旅行社竞相发行旅行支票。

⑤ 有价订房凭证支付。酒店为了扩大客源市场，与客房预订代理商或银行签订合同。这些由中间商介绍的客人，通常已将费用（包括房费）交给订房代理商或旅行社，并持订房凭证到酒店登记入住。接待员还应注意：核实订房凭证正本和副本是否有效及一致；核实相关联的预订单和传真订单内容是否一致，有无差异；礼貌地提醒客人为其在店内其他消费选择支付方式。

⑥ 他人代付。有些客人提出为其他客人代为支付在店费用。接待员应坚持请客人

填写“承诺付款书”并签字确认。承诺付款书一般一式三联：一联由同意代为付账的客人保存；一联与收银处客账存放在一起；一联由前台接待处保存备查。另外，还要仔细核查承诺付款人的信用状况及付款能力。

（5）完成入住登记手续。在确定付款方式后，接待员还要做以下几项工作，以完成入住登记手续。

① 填写房卡。接待员填写房卡，请客人签名并交给客人。

② 若有免费赠券、宣传品，以及检查客人是否有代存的邮件、留言等，应一并交给客人。

③ 提醒客人将贵重物品寄存在酒店免费提供的保管箱内，以及访客逗留时间、离店结账时间的规定等。

知识链接

房　卡

房卡（Hotel Passport），也称“欢迎卡”、“钥匙卡”或“酒店护照”。其作用是证明住店客人的身份，方便客人出入酒店，同时也有促销、向导和说明的作用。房卡的设计形式和内容因酒店而异。一般在客人抵店前填写，或在客人入住填写登记表时，由接待员填写。房卡除了客人姓名、房号、客房价格、有效期（抵离店日期）、宾客签名、住客须知、接待员签名等内容外，还在另一面印有总经理欢迎词、酒店提供的各项服务项目及服务设施、酒店地址，并附有酒店所在地理位置的交通线路示意图等相关内容，既方便了客人，又起到了促销的作用。

④ 将客房钥匙交给客人（或行李员，请其协助客人进房）并介绍客房楼层位置、房号、电梯方位、餐厅位置，并祝客人住店愉快。

⑤ 一些高星级酒店还规定，待客人进房10分钟左右，接待员通过电话与客人联系，询问其对客房是否满意，并再次对客人的光临表示感谢。

（6）制作相关表格。客人办理完入住手续后，接待员需要制作有关客人入住的表格。健全各种相关的表格，是前厅运转必不可少的内容。

① 完善入住登记表上的有关内容，在登记表的一端打上客人入住的具体时间。

② 将登记表上的有关内容输入电脑，并将与结账相关事项的详细内容输入电脑客账单内。

③ 标注“预期到店一览表”中相关信息，以示客人已经入住。

④ 将填好的表格、资料分类存档，以便建立客史档案。

⑤ 制作客人账单。接待员在制作账单时，应根据客人要求及预订单、登记表的内

容制作客人账单。注意把结账有关的事项，如折扣率、信用卡号码、享受免费的日期、付款方式等详细内容记录在“备注”栏中，以避免在结账时发生影响对客关系的事件。随后将账单（一式两份）与住宿登记表（账务联）及信用卡签购单一并交收银处保存。

对于使用转账和持有价订房凭证的客人，接待员一般需要制作两份账单。一份（A单）记录应由签约单位支付的款项，如房租费、餐费、付款单位的名称；另一份（B单）则是记录需要客人自付的款项。

2）团队入住登记程序

团体客人一般分为旅游团队和会议团队，以其人数多、用房多，成为酒店的重要客源。接待好团体客人对建立稳定的客源市场，提高酒店的出租率，保持与增加收入都有重要的意义。

团体客人一般事先都进行了预订。在团体客人抵店前，接待处应做好一切准备工作，如是大型团体，酒店可以在指定区域或特别场所为客人办理入住手续，以避免在客人抵店时，酒店大厅内出现拥挤阻塞的混乱现象。

（1）做好客人抵店前的准备工作包括以下内容。

① 根据“团队接待单”的用房、用餐及其他要求，在客人抵店前与客房状况显示核准。进行预分房并确认。

② 提前做好团队钥匙信封。信封正面应正确地打印客人的姓名、称呼、房号，信封内应装有客房钥匙、房卡、欢迎信、用餐券、宣传品等。然后将钥匙信封按客人姓名字母顺序排列好。

③ 将“团队用房分配表”、“团队客人登记表”提前交给团队陪同。便于团队陪同在客人到酒店的途中，将排房情况告诉领队和客人，并分发“登记表”。

④ 将团队用餐通知单送达餐饮部。

⑤ 酒店的机场代表应前往机场迎接，并与陪同联系、了解团队的基本情况。当团队离开机场抵店时，用电话将客人离开机场的时间、车号、行李件数、住宿变更情况及其他特殊情况及时通知前台，随时做好各种准备。

⑥ 如是会议团队，还要提前印好会议的有关事项和日程安排，人手一份或张贴在大厅内。报到当天应在大厅一角设立报到处。

（2）团队入住登记工作包括以下内容。

① 大堂副理、团队联络员及前厅服务人员迎接团队，致欢迎词，并引领至团队接待区域，简要介绍酒店服务设施和服务项目。

② 根据团队通知单相关项目内容与团队领队或陪同核对，将旅行社或会议单位提供的客人按房号予以分配，并将“团队客人住宿登记表”（表4-3）交给团队陪同。对于团队客人，可根据接待要求，将登记表提前交给陪同或会务人员，以便在团队客人抵店的途中，或抵店后在大厅休息区或客房内填写。

表 4-3 团队客人住宿登记表

registration form of temporary residence for group

团队名称：　　　　　　日期：　年　月　日　至　月　日

name of group　　　　　date　year　mon　day　till　mon　day

房号 (room No.)	姓名 (name in full)	性别 (sex)	出生年月 (date of birth)	职业 (profession or occupation)	国籍 (nationality)	护照号码 (passport No.)
签证号码：		机关：			种类：	
有效日期：		入境日期：			口岸：	

留宿单位：＿＿＿＿＿＿＿＿　　接待单位：＿＿＿＿＿＿＿＿

③ 由团队领队或会务人员依据名单，将钥匙信封分发给客人。④ 团队领队或会务人员确认团队人数、房间数、付款方式、用餐时间、是否安排叫醒服务及离店要求等有关事项。

⑤ 将准确的房号、名单送到礼宾部，礼宾部负责安排行李员将行李送至客人房间。

⑥ 接待员填写“在店团队统计表”（表 4-4），制作相关表格资料，录入或送达有关部门。

⑦ 接待员制作“团队客人接待单”（表 4-5），交收银处保存建账。

注意：如果会议团队的客人不是同一时间到达，每到一位客人，接待员应协助会务人员为与会者分房并分发钥匙，分发入住登记表请客人当场填写并收回，实在无法收回的应记下房号，稍后上门收取。

表 4-4 在店团队统计表

序号	团队编号	团队名称	抵店日期	离店日期	客房数	人数			转账款项	自付款项
						外宾	华侨	内宾		
1										
2										
3										
4										

至：总经理　销售部　大堂副理　收款员　前厅　接待部　制表人：

表 4-5 团队客人接待单

团队名称				编号	
到达时间	月 日 时 分	交通工具		抵店时间	
离店时间	月 日 时 分	交通工具		退房时间	
人数	客人	陪同			全陪姓名
	计人	计人			地陪姓名
用房数	房型	房数	人数	房费	客房布置及要求
领队房号		付款方式		房费	按合同价 元/（间·天）（人民币）
膳食	餐别				
	标准	元/（人·天）（房费内包含） （房费内不包含）			日 餐 日 餐
	餐差				
风味或宴会		月 日 时 分，共 桌计 人，标准 元/人 （房费内包含） （房费内不包含）			
确认事项：					
备注：					

3）VIP 入住登记程序

VIP 对酒店的社会形象有较大的影响。VIP 可以分为政府方面的、酒店方面的、商业性的和总经理个人关系四大类。酒店 VIP 一般由大堂副理负责接待，前厅接待处负责配合。VIP 入住登记在客房内进行。

知识链接

VIP 的等级

1. 特级贵宾

（1）国内外有杰出影响的政治家、政府官员。

（2）国际上有影响的人士或对酒店的经营与发展有重要影响的人士。

2. A 级贵宾

（1）副省（部）级以上政府官员或领导。

(2) 国家旅游局正局级以上的领导。

(3) 国内外著名企业、集团、酒店及旅行社总裁。

(4) 国内外文化界、艺术界、教育界、体育界知名人士及社会名流。

(5) 对酒店的经营与发展有重要贡献或影响的人士。

3. B级贵宾

(1) 厅（局）级以下政府官员或领导。

(2) 各地企业界、金融界、新闻界人士及社会名流。

(3) 国家副局级领导、国家旅游局正处级领导及省旅游局副局级领导。

(4) 星级酒店、旅行社总经理及副总经理等旅游业人士。

(5) 对酒店经营与发展有较重要影响的人士。

4. 其他

(1) 总经理根据实际情况划定为贵宾的客人。

(2) 有些酒店规定凡是住套房的客人都视作VIP对待；还有些酒店把特别重要的客人称为“Top VIP”或“VVIP”。

(1) VIP抵店前的准备工作包括以下内容。

① 接待员根据预订处下达的VIP接待通知单（表4－6）、每天预订到店客人名单来获知VIP的姓名、到达时间、职位等，并请总经理安排接待规格。

表4－6 VIP接待通知单

姓名（团队）身份			国籍		
人数	男：　女：		房号		
抵店日期			班次		
离店日期			班次		
拟住天数			接待标准		
客人要求					
接待单位			陪同人数	男：	女：
特殊要求					
审核人			经手人		
备注： 年　月　日					

② 接待员应预先排房，并告知客房部、礼宾部、总机、保安部等相关部门。

③ 提前通知有关部门把鲜花、浴袍、酒水、点心、巧克力等赠品，以及总经理的名片、欢迎卡、宣传纪念品送到客房。通常接待规格按 A 级、B 级、C 级、D 级或 A 级、B 级、C 级等级来接待。

④ 将 VIP 接待通知单通知所有相关部门。

⑤ 制作 VIP 的入住登记表和欢迎卡，并准备好客房钥匙，一起装入 VIP 欢迎信封。同时查看有无信件及代收物。

⑥ 前台主管和大堂副理共同检查各项准备工作。

（2）VIP 入住登记工作包括以下内容。

① 客人抵店时大堂副理代表酒店出面接待，并热情欢迎。

② 大堂副理引领客人进房，并将前台准备好的欢迎信封和登记表带进客房，请客人在房间内登记、签字，并由接待员收回。

③ 大堂副理将准备好的礼品告知 VIP，并介绍房间情况。

④ 大堂副理离开后，行李员应马上将行李送入房间。

⑤ 接待员将 VIP 的情况输入电脑。

⑥ 制作五联客房状况条传递到有关部门。

⑦ 建立客史档案归档。

案例赏析

一日，酒店即将到店的客人中，有两位是日本某跨国公司的高级行政人员。该公司深圳方面的负责人员专程赴酒店为这两位客人预订了行政楼层的客房，并要求酒店安排 VIP 接待，该公司其他客人的房间则安排在普通楼层。客人到店之前，相关部门均做好了准备工作。客房部按客人预订要求，提前清洁行政楼层及普通楼层的客房；前台及行政楼层接待处准备好客人的钥匙及房卡；大堂副理部则通知相关部门为 VIP 准备鲜花和水果，并安排专人准备接待。然而，就在一切准备就绪，等待 VIP 到店之际，其中一位 VIP 出现在酒店，并声称已入住在普通楼层的客房。

[评析]：经过一番查证，发现客人确已下榻酒店普通楼层的客房。但这并非客人要求，而是由于接待员的工作失误造成的。原来 VIP 与其他客人一行三人抵达酒店时，前台接待员小于只核实了第一位客人的姓名与预订单上的内容及接待标准，未进一步在电脑系统中查询另外两位客人的预订，而这三位客人又自称来自同一公司，又是一起抵达酒店，小于就主观判断按照统一标准——普通客人来接待，所以就造成了 VIP 没有享受到 VIP 等级的接待标准。

4.1.2 入住登记常见问题及处理

由于各种主客观的原因，在办理入住登记手续时，难免会出现各种问题，这就要求前厅工作人员及时发现，灵活处理。

1. 入住登记手续时间长，实效低

在旺季时，客流量突增，很多客人急切地等候办理入住登记手续，如果客人等候办理入住登记手续时间过久，会引起抱怨。接待员必须提前做好工作，保持冷静，不要慌乱。可采取的措施有以下几方面。

1）预分房

预先为 VIP、团队、有特殊要求的散客提前分房，不仅可以提高入住登记时的工作效率，而且还可以避免入住高峰时接待员忙中出错和开重房的现象。

2）分区域分流登记

在繁忙时刻到来时，可用指标栏把总台分成两部分，一部分专门接待预订客人，另一部分则接待未经预订直接抵店的客人。这样可使客人自动分流，避免造成大堂秩序混乱。

知识链接

自助登记——凯悦酒店的“一分钟 OK”服务

据不完全统计，客人对于酒店前台服务的投诉主要集中在办理登记手续耗时太多上，尤其是那些已经办理了预订手续的客人，仍然需要花费和无预订客人同样多的时间来办理入住登记手续。

上述问题很大程度上应归因于登记办理管理过程的人工控制性。而在原有的技术条件下，即使是一些世界级的大酒店也未必能完全解决这个问题。直到凯悦酒店的“一分钟 OK”服务推出后，人们才算是找到了解决的办法。

凯悦酒店在海特高科技公司的协助下研制出一种“一触即可”的自助登记系统，该机器由键盘、显示器、读卡仪、打印机和钥匙传送器构成，并安装在一个特制的黑色架子上。住客插入信用卡和身份证明，确认了姓名、房间类型选择后，机器便自动传送出 12 把钥匙，同时还打印出一份印有房号及客房路线图的登记单。整个手续办理的过程简捷省时，一般来说，凡已预订的客人只需 60 秒，而事先无预订的客人也只需 90 秒即可办理完入住登记手续。比起原来的人工登记，确实便利了不少。

除了入住登记外，这套系统还可以用来查阅客人消费记录及办理结账离店手续，同时酒店也可以更加有效地分派员工，加强对客服务。“一分钟 OK”的“一触即可”服务自推出以后，迅速得到了广大商务酒店的青睐，因为商务客人都喜欢便捷、有效、高质量的服务。

2. 客人不愿翔实登记

有些客人出于保密或是为了显示自己的特殊身份和地位等目的，住店时不愿登记或是登记时有些项目不愿填写。面对这种情况，接待员要妥善处理。

（1）耐心地向客人解释填写入住登记的必要性和重要性。

（2）如果是客人嫌麻烦不愿填写或填写有困难不能填写，接待员可代其填写，只要客人签名确认即可。

（3）如果是客人为了显示自己的身份地位不想填写，酒店也应努力改进服务，满足客人的需要。例如，充分利用客史档案，提前为客人填写登记表中的有关内容，客人抵店时只需签名即可入住。对于常客和VIP，可先使其在大堂休息，为客人办理登记手续，甚至可以让其在客房里办理手续，以显示对客人的尊重和体贴。

3. 客人对于付押金不满

酒店为保证酒店自身的合法利益，一般会要求客人在办理入住登记手续时交纳一定的预付款。对此，可能会引起客人的不满。解决的方法可采用：①耐心解释酒店的信用政策，对回头客及信用良好的客人，可适当放宽信用政策；②对金额不足的客人可建议根据付款能力确定住店天数；③对代他人付款的客人，请其填写承诺付款书，并检查其支付能力。

4. 客人登记后无法进房

这种情况一般是因为预订客人提前抵店（在退房时间前，酒店暂时无法提供客房）或者在旅游旺季时，会议团队及旅游团队的重叠造成的。可采用的措施有以下几方面。

（1）登记后请客人先办行李寄存或安排其在大堂休息并提供咖啡和茶等。一旦酒店有了空余客房，接待员首先将客房分派给此类客人。

（2）登记后先为客人提供一间临时客房，然后再分派客人所要求的正规房间。这种方法不在特殊情况下不要使用，因为这会加大客房成本。

5. 酒店不能提供满足客人的房型和价格

（1）征求客人意见，在可能的情况下，可采用客房升级的办法，给客人提供一间价格高于原定客房的房间，客房价格不变，但要向其说明，请客人谅解。

（2）建议客人暂时租用给予最大折扣价的套间或加床，然后再换房。

（3）积极联系其他酒店并给予帮助。

6. 没有空房接待

在旺季，酒店会遇到客房出租已满，无法接纳客人的情况，一般分为两种情况：

一是已办预订手续的客人，另一种是未预订直接抵店的客人。前一种属于酒店超额预订，而使预订客人无法进房，可以按照超额预订的解决方法来处理。对于没有预订的散客，应采取以下对策方法。

(1) 介绍几家同类酒店给客人，并主动帮助客人订房，帮助安排出租车。

(2) 把客人列入等候名单，一旦有房间立即优先安排，同时详细记录客人的要求并告知客人如何联系。

7. 客人办理手续后发现“重房”

开重房是前厅接待中重大的失误。由于没能及时修改房态，没有及时与客房部沟通，多人操作等原因都会造成客房买重。开重房会给该客房的原住客人和新入住客人带来不愉快，使酒店的服务质量受到负面影响，因此应该高度重视。

出现此类问题后，应立即向客人道歉并承认是酒店的工作失误，并马上安排新客房，签发新的房卡与钥匙并改房号，同时提醒前台收银处做好建账工作。事后要查找根源，加以纠正。

8. 遇到不良客人的光临

酒店经常会有一些不良记录、不受欢迎的客人再次光临，这可能给酒店带来新的麻烦和损失。接待员遇到有不良记录的客人光临酒店时，凭以往的经验或客史档案，认真、机智灵活地予以处理。

(1) 对于信用程度低的客人，通过确立信用关系、仔细核验、压印信用卡、多收预付款等方式，确保酒店利益不受损害，并及时向上级汇报。

(2) 对于曾有劣迹，可能会给酒店造成危害的客人，则应该用房间已订满等婉转说法巧妙地拒绝其入住。

(3) 遇到曾有多次逃账记录的客人再次光临酒店时，接待员凭客史档案的记录，应先稳住客人，并通知大堂副理及保安部，让其先补交先前的欠款，再办理登记手续。

4.1.3 商务楼层接待业务

商务楼层（Executive Floor）也称为行政楼层，是高星级酒店（通常为四星级酒店以上）为了接待高档商务客等高端客人，向他们提供特殊的优质服务而专门设立的楼层。

商务楼层被誉为“店中之店”，通常隶属于前厅。住在商务楼层的客人，不必在总台办理入住登记手续，客人的住宿登记、开房、结账、问讯、日常服务等会有专人负责，以方便客人。在商务楼层一般还设立客人休息室、会客室、会议室、咖啡厅、商务中心及报纸杂志室等。因此，商务楼层集酒店的前厅登记、结账、餐饮、娱乐和商务中心于一身，为商务客人提供更为温馨的环境和各种便利，让客人享受到更加优质的服务。

知识链接

商 务 客

所谓商务客（Businessmen，Dealer，Merchant），即平时所讲的“生意人”，主要是指与经济、贸易、商业、制造业等经营管理及销售有关的人员。就高星级酒店而言，这里所讲的商务客，主要指中高档这一层含义，即公司职员、业务员、外贸推销员，企业、集团公司的管理人员，总裁、总经理、部门经理等。国际品牌的高档酒店则以境外中高档的商务客为主，一般占酒店所有客人的60%~70%，有些可能更多。住宿的客人一般是级别高的行政官员、金融大亨、商业巨子或其他社会名流。

商务客人通常会呈现消费高、逗留时间长、预定周期长、诚信度高等特点。对酒店的要求就是要有方便的地理位置、必备的设施条件、舒适的环境氛围、合理的价格定位、酒店的品牌效应、快捷的服务方式、高效的通信技术，以及个性和特色的服务。

由于商务客常年奔波在外，找个理想中的“家中之家”是他们的首选，接待人员只有了解商务客的特点和需求，投其所好地进行服务，才能做好工作。

1. 商务楼层员工的素质要求

为了向商务客人提供更加优质的服务，要求商务楼层的员工，无论是管理人员还是服务人员，都必须具备很高的素质。

（1）气质高雅，有良好的外部形象。

（2）工作耐心细致，诚实可靠，礼貌待人。

（3）知识面宽，有扎实的文化功底和专业素质，接待人员最好有大专以上学历，管理人员应有本科以上学历。

（4）熟练掌握商务楼层各项服务程序和工作标准。

（5）英语口语表达流利，英文书写能力达到高级水平。

（6）具备多年的酒店前厅、餐饮部门的服务或管理工作经验，掌握接待、账务、餐饮和商务中心等的服务技巧。

（7）有较强的合作精神和协调能力，能够与各业务部门协调配合。

（8）善于与宾客交往，掌握处理客人投诉的技巧艺术。

2. 商务楼层入住服务程序

1）客人入住前的准备工作

（1）查阅订单。

（2）根据客人的客史档案或预订单的特别要求，安排房间及输入电脑。

（3）检查订车情况。

（4）准备好登记卡。

（5）准备好房卡、钥匙。

（6）准备好欢迎信并交楼层服务员放进房间。

（7）预送鲜花、水果。

2）入住登记程序

（1）当客人走出电梯后，微笑地迎接客人，自我介绍，陪同客人的大堂副理或销售经理将回到本岗。

（2）在商务楼层接待台前请客人坐下。

（3）替客人填写登记卡，请客人签名认可，注意检查客人护照、付款方式、离店日期与时间、机票确认，收“到店客人行李卡”。

（4）在客人办理入住登记过程中呈送欢迎茶。此时，应称呼客人姓名，并介绍自己，同时将热毛巾和茶水送到客人面前。如果客人是回头客，应欢迎客人再次光临。要求整个过程不超过5分钟。

（5）在送客人进房间之前，应介绍商务楼层设施与服务，包括早餐时间、下午茶时间、鸡尾酒时间、图书报刊赠阅、会议服务、免费熨衣服务、委托代办服务及擦鞋服务等。

（6）在客人左前一步引领客人进房间，与客人交谈，看是否能给客人更多的帮助。

（7）示范客人如何使用钥匙卡，连同欢迎卡一同给客人，介绍房间设施，并预祝客人居住愉快。

（8）通知前厅行李员根据行李卡号和房间号，在10分钟之内将行李送到客人房间。

（9）在早餐、下午茶及鸡尾酒服务时间，接待员应主动邀请新入住的客人参加。

4.2 收银业务

案例赏析

某天，刘先生和他的两个朋友谈笑风生地步入一家四星级酒店，他们分别开了一间房。在前台办理入住手续时，收银员请他们付押金，刘先生说：“我来，我来！”两个朋友也没推让，故当时三间房的押金是由刘先生付的。第二天上午，刘先生来到前厅收银处退房结账时，前台给他的账单却让他大为不满：“为什么我朋友的账都算到了我的账上呢？我们可是各付各的。”收银员告诉他，他的两个朋友因有事已先走了，也没有主动到前台结账，因为刘先生付的是三个房间的押金，按照惯例，所有消费都转到了刘先生的账上。刘先生告诉收银员，他只给朋友垫付押金，结账时各自的费用应由各自承担，并要求将押金退还给他。

在酒店经营管理中，前厅收银是确保酒店经济效益的关键部分，反映了酒店的服务水平和经营管理效率。前厅收银的工作职责是每天负责处理客人账务，负责核算和整理各种业务部门收银员转来的客人消费账单，提供外币兑换服务，为客人办理结账收银服务，编制各种会计报表，以便及时反映酒店的营业情况。

酒店通常为客人提供一次性的结账服务，为确保每日结清客人在店期间所发生的费用，保证客人全部赊欠账款按期收回，避免逃账、漏账及工作失误，收银处必须认真执行客账管理制度和规程，加强与相关部门和岗位的协调合作，接受酒店财务部的审核与监督，确保酒店利益和客人利益均不受到损害。

4.2.1 离店结账服务

离店结账服务是酒店对客服务过程最后阶段的一部分，是给客人留下“最后印象”的关键环节。一般而言，结账要求在 3 分钟以内完成。客人离店结账时，收银员要向客人出示其消费的账单，请客人结清未付的账款，开具发票，归还客房钥匙。结账时要做到态度友好、账户清楚、记账准确、结账迅速，否则客人将可能忘记酒店员工之前所有的礼貌服务和辛苦工作。

酒店客人的付款方式有现金、支票、信用卡及挂账等形式。若客人用外币旅行支票结账，前台不直接收取旅行支票，需要客人到外币兑换处依照当天汇率兑换成人民币现钞，然后再付清自己的账目；若客人以信用卡付款，当客人离店时，要礼貌地请客人出示信用卡，对照客人的信用卡号码、有效期及签字，以确保信用卡的有效性、通用性和真实性。另外，如果客人住店消费超过有效限额，将通知信用卡授权中心，申请授权号码，所批准的授权号码应写在信用卡单据的右上角。如果客人使用外币现钞结账，需先请其到外币兑换处依照当天汇率兑换成店内可收取的货币，然后转交前台结账；若为公司挂账，接待人员要打出电脑明细账单，经客人确认在账单上签字，并找齐所有公司担保付款凭证一起转交至财务部，由财务部和公司进行结算。

1. 散客结账服务程序

（1）主动问候客人，询问客人是否结账离店。

（2）询问客人房号，收回房卡、钥匙和押金单等，通过电脑与客人核对姓名和房号。

（3）通知客房中心查房，检查客房小酒吧耗用情况，以及客房设施设备的使用情况等。

（4）核实退房时间是否符合酒店规定。

（5）委婉地问明客人是否有其他临时消费，如餐费、洗衣费等，以免产生漏账，给酒店造成损失。

（6）打印账单。

（7）双手呈送账单给客人核对，请其签名确认。如有疑问，可向客人出示保存在账单盒内已经核对的原始凭单。

（8）按照客人要求的付款方式结账，开发票。

（9）结清账款后，在账单上打印“已付”印迹，一联交宾客，一联转送会计组。

（10）检查是否有邮件、留言、传真未传递给客人，是否有寄存的贵重物品未取。

（11）发给客人征求意见卡，请客人对酒店进行评估。

（12）对客人表示感谢，并祝其旅途安全、愉快。

（13）将客人离店信息通知有关班组，如总机关闭外线电话。

（14）在入住登记表背面盖上结账日期，连同客房钥匙移交前厅接待员，更新房间状态。

（15）整理账款，方便审核人员。

案例赏析

某日，一位在北京丽都假日酒店长住的客人，到该店前厅收银处支付一段时间在店内用餐的费用。当他看到打印好的账单上的总金额时，马上火冒三丈地讲：“你们真是乱收费，我不可能有这样的高消费！”收银员面带微笑地回答客人说：“对不起，您能让我再核对一下原始单据吗？”客人无异议，收银员一面开始检查账单，一面对客人说：“真是对不起，您能帮我核对一下吗？”客人点头认可，于是和收银员一起对账单进行核对。期间，那位收银员顺势对几笔大的账目金额（如招待宴请访客及饮用名酒等）做了口头提示以唤起客人的回忆。

等账目全部核对完毕，收银员有礼貌地说：“谢谢，您帮助我核对了账单，耽误了您的时间，费神了！”

客人听罢连声说：“小姐，麻烦你了，真不好意思！”

2. 团队结账服务程序

（1）在团队离店前一天根据团队要求准备好团队总账。

（2）登记进店和离店日期、团队名称、房间数、房间类型、房价、餐饮安排及预付款收取等内容。

（3）在团队离店前，及时与领队联系，随时沟通团队付账情况；经领队确认在总账单上签字，其余账由客人各自付清，领队要保证全队账目结算清楚后方可离开酒店。

（4）团队总账单由领队签字确认后，转交至财务部。

（5）财务部将与旅行社联系解决有关付款问题，如有特殊情况，旅行社将在团队到达时现付或预先付订金作为保证。

（6）检查团队所有账目已付清；收取团队全部房间钥匙；查清账目后，发放行李放行单，作为团队可离店的凭证。

知识链接

结账选择

1. 自助结账

客人通过设置在大堂或房内的自助结账终端，可以自己结账离店。这些结账终端与前厅电脑系统相连，客人可以随时查看他们的账单并结账，这可以减少前厅的客人流量及结账时间。

结账时，客人进入相应的客房账单，系统通常要求客人通过附带的信用卡POS机划卡来输入信用卡号码，只要客人在入住时出示了有效的信用卡，账款就能自动从信用卡里划账，并打印出明细账单交给客人，或者客人可在临走时到前台取账单，同时该系统自动与前厅电脑系统联网更新客房状态，建立客史记录。

2. 快速结账

为避免客人在结账高峰时等待时间过长，减少前厅的工作量，酒店为在入住时使用信用卡及转账方式建立信用的客人，提供快速结账服务。

前厅员工、客房服务员一般在早上6点前，将当天预计离店客人的账单连同快速结账委托书，从客人房门下轻轻推进。客人应填好委托书，离店前交给前台工作人员。在客人离店后，收银员稍微空闲时，将应收客账余额转为事先批准的结账方式完成客人的结账工作。客人离店前发生的任何额外费用（如电话费），前台收银员会加到他的账单上，这与快速结账账单的金额可能会不符，这份更新的账单应邮寄给客人以便其有一个准确的记录。通过这种方式，客人在收到信用卡账单，发现金额差异时就不会惊讶了。

3. 特殊情况的处理

1）客人出现欠款情况

如果客人在入住登记时交纳的押金已经用完而又继续消费时，收银员应及时通知客人补交，防止出现逃账现象，给酒店造成经济损失。催收时应注意语言艺术和方式方法，可以用电话通知，也可以用书面形式通知客人。

2）结账时要求优惠

有些客人在结账时，会要求酒店对于其房费给予一定程度的优惠。符合酒店优惠条件的，收银员应填写"账户纠正单"，交前厅经理或相关人员签字确认，注明原因，最后在电脑上将差额做退账。对于不符合条件的，应婉转说明。

3）他人代付账款

当客人要求代付他人账款时，应请客人填写书面授权书并签名，注意代付项目，在电脑中做好记录，以免事后发生纠纷。

4）客人损坏或丢失客房物品

这种情况在客人办理退房离店手续时出现较多，必须妥善处理。原则上应要求客人予以赔偿，但要具体问题具体分析，特别是在客人不承认的情况下，更应处理好，尽量保证酒店不受到经济损失，又使客人能够接受，不让其利益受损。

4.2.2 外币兑换服务

酒店为方便住店客人，向有关银行机构申请，在酒店前台设立外币兑换点，根据国家外汇管理局的外汇牌价，为住店客人代办外币兑换、旅行支票和信用卡业务。外币兑换员（一般由收银员兼任）应学习外币兑换的相关知识，接受专业技术和技能培训，酒店也应配备相应的外币验钞机等设备，增强识别假钞能力，以做好外币兑换业务。

1. 外币现钞

根据国家规定，目前可在国内指定机构兑换的外国货币有 14 种，美元、英镑、澳大利亚元、加拿大元、欧元、日元、新加坡元、菲律宾比索、泰国铢、韩国元、瑞士法郎、瑞典克朗、挪威克朗及丹麦克朗。酒店由于受人员、设备及客源等条件制约，通常仅接受几种主要外币现钞兑换业务和旅行支票兑换业务。外币现钞的兑换程序如下。

(1) 主动问候，了解客人要求，问清客人兑换币种，看是否属于酒店的兑换范围。

(2) 礼貌告诉客人当天的外币兑换率。

（3）清点外币，通过外币验钞机或人工检验外币真伪。

（4）请客人出示护照和房卡，确认其住客身份。

（5）填写外币兑换单（图 4.1），将外币种类、金额、汇率、应兑金额及客人房号填写在相应栏目内。

外币兑换单

foreign exchange voucher

客人签名

guest signature：

房号　　　　日期

room No：　　　　Date：

外币种类 currency type	金额 amount	汇率 exchange rate	人民币 RMB ¥

顾客签名

guest signature：

收银员签名合计　　　　合计

cashier signature：　　　　total：

图 4.1　外币兑换单

（6）请客人在兑换单上签名，检查客人与证件上的照片是否一致，并通过电脑核对房号。

（7）检查复核，确保金额准确。

（8）清点人民币现金，连同护照、一联兑换单交给客人，请客人清点并道别。

（9）对于不符合要求的外币或有疑问时，应同客人讲明有关规定，请其调换；对于常客，可先收下，向客人说明“先拿到银行试一试，如有问题再与您联系”，并把钞票号记在兑换单上。

2. 旅行支票

旅行支票是一种有价证券、定额支票，也是汇款凭证，通常由银行、旅行社为方便国内外旅游者而发行。旅游者在国外可按规定手续向发行银行的国内分支机构、代理行或约定的兑换点，兑取现金或支付费用。旅行支票的收兑工作程序如下。

（1）了解客人要求。

（2）查验其支票是否属可兑换之列，注意有无区域和时间限制，告知客人当日兑换率。

（3）检验支票的真伪，清点数额。

（4）请客人出示护照及房卡，当面请客人在指定处复签，检查复签、初签及护照上的签名是否一致。

（5）按规定填写兑换单，准确换算，扣除利息。

（6）请客人在兑换单上签名，并检查复核。

（7）清点人民币现金，连同护照和一联兑换单交给客人，请其清点并道别。

（8）订存支票。

知识链接

外币结算制度

（1）酒店在收到外币时，应折合成记账本位币全额入账，公司全年外汇的记账汇率是每年年初下发的通知中指明的汇率。

（2）凡因经营需要调入和调出外汇及确定调剂汇率，均需经酒店总经理审定，发生的汇兑损益计入当期财务费用。

（3）购置固定资产及无形资产发生的汇兑损益在购置期间计入资产的价值；提供各项服务及销售商品与经营业务发生的汇兑损益计入或冲减财务费用；清算期间发生的汇兑损益计入清算损益。

（4）酒店收到投资者用外币付出的投资，按投资当日的外汇牌价折合成记账本位币。

（5）酒店经评估后有关资产账户与实收资本账户，因采用折合汇率不同而产生的折合记账本位币差额，作为资本公积。

（6）酒店应严格遵守国家外汇管理部门的有关规定，并按时报送外汇收支情况申报表。

4.2.3 贵重物品保管

酒店为保障住店客人的财产安全，通常免费提供两种形式的贵重物品保管服务。一种是设在客房内的小型保险箱，现在比较流行的有电子密码式，磁卡、IC卡式保险箱，操作简单，方便实用；另一种是设在前台的客用保管箱，由前厅收银处负责此项服务。

客用保管箱通常在前厅收银处后面或旁边一间僻静的房间，该设备是由一组小保管箱或保险盒组成，其数量通常按酒店客房数的15%~20%配备。每个保险箱有两把钥匙，一把由收银员负责保管，另一把由客人自己保管，只有这两把钥匙同时使用，才能打开或锁上保险箱。

1. 保管箱启用程序

（1）主动问候客人，明确客人的要求。

（2）请客人出示房卡或钥匙，与电脑资料核对，确认其为住店客人。

（3）填写贵重物品寄存单或记录卡，提醒客人阅读寄存单上的宾客须知，请客人签名确认。

（4）向客人介绍其规定和注意事项。

（5）引导客人到保险箱所在房间，根据客人寄存物品的大小，开启大小适中的保险箱。取出保险盒，正面递给客人，同时回避一旁，对客人寄存的物品做到不看、不问。

（6）客人放好物品后，把保险盒放入保险箱内，当着客人的面锁好保险箱，把钥匙交给客人，总钥匙由收银员保管。同时，提醒客人妥善保管钥匙，向客人道别。

（7）在寄存单（记录卡）上注明箱号、经手人和寄存时间等内容。

（8）在电脑内做好记录，并将寄存单存档。

2. 中途开箱程序

（1）问候客人，表示欢迎。

（2）请客人出示房卡、保险箱钥匙，报出保险箱号，找出寄存单，请其在背面签字。

（3）确认客人寄存单背面签字与正面签字一致。当着客人面用两把钥匙打开保险箱，请客人取用物品。

（4）客人存取完毕，再当面把保险箱锁好，将客用钥匙交客人保管，提醒其保管好钥匙，与客人道别。

（5）在寄存单上注明寄存时间和经手人并存档。

3. 退箱程序

（1）核准钥匙及客人签名后，当面打开保险箱。

（2）客人取出物品后，检查一遍保险盒，以防有遗留物品。

（3）请客人填写记录卡，签字。

（4）检查填写内容，核对签字。

（5）收回保险箱客用钥匙，锁上该箱。

（6）向客人道别。

（7）记录退箱时间和经手人，在电脑上删除记录，并将寄存单存档。

4. 客人钥匙遗失的处理程序

（1）酒店在寄存单上印刷使用须知及赔偿金额。

（2）确认客人遗失钥匙后，若客人要求取物，应有收银员、保安人员、工程部人员和客人在场，在办理完规定手续后，由工程部人员强行打开保险箱。

（3）请客人核对寄存物品是否完整、无遗漏，收银员取出寄存单，请客人确认签名。

（4）收银员在前台客用保险箱使用登记本上详细记录并签名，以备查核。

5. 贵重物品寄存工作注意事项

（1）定期检查保险箱各门锁是否处于良好的工作状态。

（2）酒店可规定客人寄存贵重物品的最高标准及赔偿限额，避免不必要的麻烦。

（3）客人寄存物品时，收银员应注意回避，不看、不问。

（4）严格、认真核对客人的签名。

（5）必须请客人亲自来存取，一般不能委托他人。

（6）交接班时，应仔细核对保险箱的使用数目和钥匙数量。注意所有保险箱钥匙不能带出总台，必须妥善保管。

（7）填写过的记录卡，必须科学地排列，方便取用。客人退箱后的寄存单应存放至少半年以上，以备查核。

4.2.4 夜间核账

夜间核账又称夜审，是指酒店夜审员在夜间进行账务的核算工作。夜间核账的工作对象是各收银点的收银员，以及各营业部门交来的单据、报表等资料。其工作目的是要有效地审核由于客人消费而产生的收入，确定账目记录不出差错或遗漏，以保证当天酒店的利益。作为夜审员，必须熟练掌握会计学原理，具备平衡财务账目的能力，同时还要具有前台接待员的工作经验，并能与财务总监保持良好的沟通。

夜间核账工作内容和步骤如下。

1. 检查前厅收银处工作

夜审人员上班后首先要接管收银员的工作，做好工作交接和钱物清点工作，然后对全天收银工作进行检查。

（1）检查收银台上是否有各部门送来的尚未输入客人账户的单据，如有，则进行单据输入，并进行分类归档。

（2）检查收银员是否全部交来收款报表和账单。

（3）检查每一张账单，看房租和客人的消费是否全部入账，转账和挂账是否符合制度手续。

（4）将各类账单的金额与收款报告中的有关项目进行核对，检查是否相符。

2. 核对客房出租单据

（1）打印整理出一份当天“宾客租用明细表”，内容包括房号、账号、客人姓名、房租、抵离日期及结算方式等。

（2）核对客人租用明细表的内容与收银处各个房间记账卡内的登记表和账单是否存在差错。

（3）确定并调整房态。

3. 房租过账

经过上述工作，确认无误后通过电脑过账功能，将新一天的房租自动记录到各住客的客人账户中。房租过账后，编制一份房租过账表，并检查各个出租客房过入的房租及其服务费的数额是否正确。

4. 对当天客房收益进行试算

为确保电脑的数据资料正确无误，有必要在当天收益全部输入电脑后和当天收益最后结账前，对电脑中的数据进行一次全面的查验，这种查验称为“试算”，试算分三步进行。

（1）指令电脑编印当天客房收益的试算表，内容包括借方、贷方和余额三部分。

（2）把当天的收银员及营业点交来的账单、报表按试算表中的项目分别加以结算汇总，然后分项检查试算表中的数额与账单、报表是否相符。

（3）对试算表中的余额与住客明细表的余额进行核对，如果不符，则说明出现问题，应立即检查。

5. 编制当天客房收益终结表

客房收益终结表也称结账表，此表是当天全部收益活动的最后集中反映。此表编制出来后，当天的收益活动便告结束，全部账项即告关闭。如果在打印终结表后再输入账据，只能输入到下一个工作日里。

6. 编制借贷总结表

借贷总结表是根据客房收益终结表编制的，是列示当天客房收益分配到各个会计账户的总表，此表亦称会计分录总结表。

案例赏析

一天上午，一位韩国客人来到酒店收银台，办理退房手续。收银员小林热情地接待，并迅速打印出房费账单，递给客人。客人看罢疑惑不解地问："我只住了一间房间，为何要付两间房费？"小林请客人稍等，立即核实了这两间房，发现其中一间房确实未曾入住过，小林向大堂副理汇报。大堂副理通过了解，得知客人在抵店开房时，由于双方沟通上的误会，导致客人只要一间房，前台接待员小王却为客人错开了两间房。同时，客人在酒店 A 楼前台办理入住手续，但住房却在 B 楼，所以客人来到 B 楼前台领取了钥匙，不过只领取了一把。在客人入住后的第二天，客房服务员发现有房未住过客人，于是将情况反映给客房中心并通知了前台。前台核查后，发现该房并未退房且仍有押金，故而未再追究。在了解基本情况后，大堂副理立即通知收银员只收取一间房的费用，同时向客人表示歉意，取得客人谅解，使客人满意地离店。

思考：本案例问题出现在哪里？如何避免此类事情发生呢？

本章小结

◎ 客人办理入住登记的过程是对酒店服务设施的第一印象。如果受到了热情周到的接待，客人将会积极地配合酒店的工作，并希望从酒店其他部门也得到同样热情周到的接待。否则，客人不仅不会对酒店的服务及设施产生兴趣，而且还将会在住宿期间挑剔酒店提供的服务和设施。通过学习，学生应掌握散客入住登记工作并熟悉相关表格，运用所掌握到的入住接待程序和方法，熟练地为散客办理入住登记手续。

◎ 团队客人是酒店的重要客源，接待好团队客人对建立稳定的客源市场、提高酒店客房的出租率，以及保持与增加收入有重要意义。在接待团队过程中，既要保持与散客一样的服务标准，同时又要注意维护前厅正常服务秩序和气氛。

◎ VIP 是酒店给予在政治、经济及社会各领域有一定成就、影响和号召力的人士的荣誉，是酒店优质服务体系的集中体现。凡是 VIP 的入住接待工作都应细致、反复检查，不能出现任何差错。

◎ 由于酒店或客人方面的种种原因，客人在入住登记时会出现各种问题，作为接待员，要善于把握客人的心理，洞悉客人的需求，妥善处理各种问题，以求达到客人满意。

◎ 每一位入住商务楼层的客人都要受到贵宾般的接待。舒适优雅的环境及细致快捷的服务，能为商务客人在生意上的成功和生活上的享受，创造极佳的条件。

● 收银员在为客人办理结账业务时，一定要按照酒店规定的程序和要求进行，快速准确地为客人办理优质的离店结账服务，给客人留下深刻的印象；否则，将会造成管理混乱，影响对客服务质量。

● 收银员要做到热情、礼貌、周到、细心，外币兑换准备及时、手续完善，不私换外币或出现票据和现金的差错。

● 现代酒店不但要为客人提供舒适的客房、热情周到的服务，还必须对客人的财产安全负责。尽管如此，酒店也不能确保客人的贵重物品万无一失。一方面，酒店对客人的贵重物品在一定条件下负有赔偿责任；另一方面，这种赔偿应有合理的限度。因此酒店可规定对客人贵重物品的最高赔偿限额，并将这一限额告知客人，以免出现不必要的纠纷。

● 夜间核账也称为夜审，是现代酒店所必备的工作之一。夜审员通过对当天收益情况的细致查对，纠正错误，追查责任，可以保证当天酒店收益的真实、正确、合理和合法。

思 考 题

一、单选题

1. 办理入住登记手续是（　　）岗位职责。

A. 预订处　　B. 接待处　　C. 问讯处　　D. 收银处

2. （　　）是酒店与客人之间建立正式的合法关系的最根本的环节。

A. 预订　　B. 办理入住登记手续

C. 结账　　D. 签单

3. 在客房状态显示中，“out of order”指的是（　　）。

A. 住房　　B. 走客房　　C. 待租房　　D. 维修房

4. 接待员在排房时应遵循（　　）的顺序。

A. 空房—走客房—酒店自用房—预退房—机动房—轻微损坏房

B. 空房—走客房—机动房—轻微损坏房—预退房—酒店自用房

C. 空房—走客房—预退房—机动房—酒店自用房—轻微损坏房

D. 空房—走客房—预退房—轻微损坏房—机动房—酒店自用房

5. （　　）应尽量安排在较低楼层靠近服务台或电梯口的房间。

A. 老年人　　B. VIP 客人　　C. 女客人　　D. 团体客人

6. 酒店一般的结账时间是（　　）。

A. 6：00　　B. 12：00　　C. 13：00　　D. 18：00

二、判断题

1. 在办理客人入住登记手续中，花费时间最多的就是请客人填写入住登记表。（　　）

2. 为体现酒店客人的重要性，一般应先为 VIP 和常客排房。（　　）

3. 接待员在排房时可以事先告知客人房号，以显示酒店的承诺。（　　）

4. 旅行支票是一种有价证券、定额支票，也是汇款凭证，通常由银行、旅行社为方便国内外旅游者而发行。（　　）

5. 客人寄存物品时，收银员应注意回避，不看、不问。（　　）

三、简答题

1. 办理入住登记的目的是什么?

2. 前台接待员如何办理散客入住登记?

3. 前台接待员如何办理团队入住登记?

4. 前台接待员如何办理 VIP 的入住登记?

5. 如何为客人做好排房工作?

6. 分析、比较客人的几种付款方式，并简述各自的优缺点。

7. 在办理入住登记时，常见的问题有哪些? 接待员如何处理?

8. 简述商务楼层接待服务程序。

9. 怎样为散客和团体客人提供准确快捷的离店结账服务?

10. 简述外币现钞兑换的服务程序。

11. 如何做好客人贵重物品的保管服务?

12. 简述夜间核账的工作内容和程序。

四、实训题

1. 实地参观某酒店前厅接待处，观察其接待服务，并与教材相比较，试做评价，并写出评析报告。

2. 设置情境，分组模拟操作前厅散客入住接待服务、团队入住接待服务及 VIP 入住接待服务。

3. 设置情境，分组模拟操作散客结账服务、团队结账服务、外币兑换服务及贵重物品保管服务。

5

住店服务

内容概要

1. 总机服务

- 总价房的设备与环境；
- 总机岗位职责和素质要求；
- 总机服务内容。

2. 商务中心服务

- 商务中心员工的岗位职责；
- 商务中心员工的素质要求；
- 商务中心服务内容。

学习目标

（1）了解总机、商务中心的岗位职责。

（2）熟悉总机、商务中心的员工素质要求。

（3）掌握总机、商务中心提供各项服务的内容。

电话总机服务和商务中心服务是饭店前厅服务的配套项目。由于前厅服务质量具有综合性及关联性特征，故以上服务项目在饭店缺一不可，其服务质量的好坏直接影响到饭店的声誉和效益。

案例赏析

凌晨2:00，有一位女士来电要求转接456房间。话务员立即将电话直接转入了456房间。第二天上午，大堂副理接到456房间孙小姐的投诉电话，说昨晚的来电找的并不是她，她的正常休息因此受到了干扰，希望酒店对此作出解释。大堂副理经调查，了解到该电话要找的是前一位住456房间的客人，他已于昨晚21:00退房离店了。孙小姐是夜里00:30登记入住的。她刚洗完澡睡下不久，就被电话铃吵醒了，非常懊恼。于是大堂副理亲自登门向孙小姐道歉，同时解释昨晚那位女士确实要转456房间，而话务员未对电话进行过滤就转入了她的房间，影响了她的正常休息，大堂副理代表酒店深表歉意。幸好，孙小姐是个通情达理的人，接受了大堂副理的道歉。

谁知一波未平，一波又起。原住456房间的刘先生紧接着也打来投诉电话，说昨晚他太太打电话来找他，由于话务员不分青红皂白就将电话接了进去，接电话的人是位小姐，引起了太太的误会，导致他回到家太太就跟他翻脸。刘先生说此事破坏了他们夫妻的感情。如果不给他一个满意的答复，他一定会投诉酒店，要求对那位话务员作出处理，且今后他将让他公司的人都不再入住此酒店。

思考： 1. 话务员工作失误在哪？

2. 该如何避免此类问题的发生？

5.1 总机服务

酒店电话总机是酒店内外沟通联络的通信枢纽和喉舌，尤其是现代社会，电话作为沟通信息与交流情感的工具，显得越来越重要。客人的一个电话往往形成与酒店的第一次接触。酒店的电话总机服务人员一般不直接和客人见面，而是以礼貌热情的态度、操作娴熟的技能、高效快速的工作节奏为宾客提供通信服务，并给宾客留下深刻印象，人称之为“看不见的接待员”。其工作质量的优劣，将直接影响到酒店对宾客的服务形象和酒店整体的服务质量，因此，总机服务越来越受到酒店决策层的重视。

5.1.1　总机房的设备与环境

1. 总机房的设备

1）电话交换机

总机房采用程控交换机，其种类、型号的选用与酒店接待能力及业务相适应。大多采用数字程控电话交换机（Private Automatic Branch Exchange，PABX），它具有自动显示通话线路、号码、所处状态、自动设置叫醒、设置酒店内各分机电话权限，以及同时接通数个分机等多种功能（图 5. 1）

图 5. 1　数字程控电话交换机

2）话务台

话务台是供话务员操作的台面。为避免话务员间的相互影响，在设计时应考虑将各话务台之间用隔板隔开，部分酒店在每张话务台前均配有玻璃镜，以使话务员能始终注意自己的言谈举止，集中思维，在有限的空间提高对客服务的效率，以确保对客服务的质量。

3）长途电话自动计费机

4）打印机

5）定时闹钟

2. 总机房的工作环境要求

1）便于与前台联系

在对客服务过程中，总机与前台有着极为密切的联系。因此，总机房的设立位置应尽量靠近总台，或应具备必要的通信联络设备来沟通双方的信息。有些小型酒店的总机服务直接由接待员兼管。而大中型酒店内部与外部的信息交流量较大，应配置专职的话务员操作。

2）安静、保密

为了保证通话的质量，总机房必须有良好的隔声设施，以确保通话的效率与质量。同时，考虑宾客通话内容的私密性，未经许可，无关人员不得进入总机房。

3）幽雅、舒适。

一个幽雅、舒适的环境为话务员做好本职工作创造良好的客观条件。总机房应配有空调设备，保持空气清新。话务员所用座椅必须舒适，以减少话务员的疲劳感，房内整个环境也应赏心悦目。

4）清洁、整齐

总机房内的各种办公用品应明确定位，各类表格也应归类存放。否则，环境的杂乱会给话务员带来慌乱极不耐烦的心理作用，从而影响其对客服务的精神状态。

5.1.2 总机员岗位职责和素质要求

1. 总机服务人员的岗位职责

（1）负责操作酒店的电话系统，为客人和各部门转接电话。

（2）负责处理客人的服务要求。

（3）友好热情地问候客人，及时了解和使用客人的名字。

（4）快捷热情地为客人服务，处理客人投诉并采取相应措施。

（5）负责将客人的电话费用录入电脑。

（6）为客人提供叫醒服务。

（7）熟悉并掌握酒店的消防程序，并在遇到紧急情况时按规定采取措施。

（8）将每天的详细信息，记录在统计表上。

（9）确保将所有的特殊事件记录下来，以备下一班查阅。

（10）及时通知酒店管理层关于酒店内发生的不寻常事件。

（11）严格执行酒店的规章制度及服务程序。

（12）介绍并向每位客人推销酒店的各种设施设备和服务。

2. 话务员的素质要求

电话服务在酒店对客服务中扮演着重要角色，话务员的声音代表着“酒店的形象”，是“只听其悦耳声，不见其微笑容”的幕后服务员。总机话务员以电话为媒介，直接为宾客提供各种话务服务。因此，话务员必须具备较好的素质。

（1）嗓音甜美，吐字清晰，口齿伶俐，语速适中。

（2）精于业务，热爱本职工作。

（3）具有热情友好的态度。

（4）反应灵敏，工作认真，提供优秀高效的服务。

（5）具有较强的记忆力，听写迅速，反应敏捷。

（6）有较强的信息沟通能力。

（7）有高度责任感，严守话务机密。

（8）有较强的外语听说能力，能用两种以上外语为客人提供话务服务。

5.1.3　总机服务内容

1. 转接电话

总机人员分成三班制，全天24小时为客人提供话务服务，每天要转接很多电话。所有话务员除必须熟练地掌握转接电话的技能外，同时还必须熟悉本酒店的组织结构；熟悉酒店主要负责人和各部门主管的姓名、声音；熟悉本店和市内常用电话号码；熟悉有关问讯知识；掌握各部门的职责范围、服务项目；知道最新住客资料等信息；最重要的是能保护客人隐私，不随便泄漏客人姓名与房号，提供安全的服务。酒店总机的具体操作规范如下。

（1）转接电话，电话铃声三响内接听，主动向客人问好。

（2）认真聆听完客人讲话再转接，说“请稍等”，若客人需要其他咨询、留言等服务，应对客人说“请稍等，我帮您接通××部门”。

（3）在等候转接时，按音乐键，播出悦耳的音乐。

（4）转接之后，如对方无人听电话，铃响30秒后，应向客人说明：“对不起，电话没有人接，您是否需要留言或稍后再拨？”如客人需要留言，按照留言程序为客人留言。

（5）整个转接电话服务中无错误、漏接、误转及误接现象发生。

（6）在通话结束时，应感谢对方来电，并礼貌地结束电话。

案例赏析

凌晨3：10某酒店除了美容厅外，其他营业场所已经停止营业，此时对于酒店的总机来说已经不是很忙了，一般较多的是要求叫醒的内线电话。“嘀嘀”话务台显示有电话来了，是外线，话务员A接起电话，报店名。“帮我转××房”，话筒里传来了一名女子的声音，“请问您要找的客人贵姓?”，话务员A说。（按照酒店的规定接转电话到客人房间必须核对住客的姓名）。“你们真麻烦，他刚刚打电话给我，叫我给他回电话”，小姐不高兴地说。话务员看到此情况不妙，便问道：“小姐，请问您贵姓?”“吴”，于是，话务员便打电话至客人房间征求客人的意见，该客人声称不认识此小姐，拒绝接听。接着话务员便告之吴小姐：“对不起，客人已经休息了，不便接听电话……”话未说完，对方“啪”地一声挂断了电话。

[评析]：总机话务员应委婉告诉来电者：为了防止给对方转错电话，以及避免打扰到其他客人，必须核对客人姓名，正确后才能转进客人的房间。若客人一再坚持，且通过交谈判断该客人不是“小姐”，则问清来电者姓名，由总机拨电话至客人房间询问客人是否愿意接听此电话，然后根据客人的意思来处理。（也可询问客人从酒店拨出的来电显示的号码是多少，以便正确判断住店客人是否真拨此小姐电话。）若通过交谈，能判断此来电者是“小姐”，则坚决不能转到客人的房间，但在拒绝对方用语上要委婉。对待此类型的客人，总的原则是“有礼有节，态度坚决”。

2. 留言服务

当电话占线或无法找到受话人时，话务员应主动询问通话人，是否需要留言。遇到客人留言，应进行完整记录，包括留言转送人姓名、房间号或工作部门，留言人的电话、地址或工作单位名称，留言内容，对留言是否有特殊要求，接电话时间，以及话务员姓名或工号牌。记录完成后，应向客人复述上述内容，以取得对方确认。对于留言传递的基本要求是迅速、准确。饭店为做好留言工作，设计了留言单，并在客房电话上设置了留言指示灯。有些饭店配置了高级的电脑管理系统，住客的留言可从房间的电视荧屏上显示，其格式类似留言单。留言一般具有一定的时效性，为了确保客人及时收到留言，有些酒店要求话务员每隔 1 小时打电话到客人房间，询问客人是否收到留言，在得到肯定答复后，方关闭留言灯。

3. 问讯服务

（1）客人的问讯涉及范围很广，话务员身边必须有各项查询资料及电脑等必备设备，同时必须掌握的信息范围要广。

（2）对常用电话号码，应对答如流，准确快速。

（3）如遇查询非常用电话号码，话务员应请客人保留线路稍等，以最有效方式为客人查询号码，确认后及时通知客人。如需较长时间，则请客人留下电话号码，待查清后，再主动与客人电话联系。

（4）如遇访客查询住店客人的电话，话务员应通过计算机为客人查询，此时应注意为住客保密，不能泄露其房号，接通后先询问客人是否愿意接听来访者的电话，然后再让客人直接与其通话或婉言谢绝其通话。

4. 设置“DND”服务

（1）将所有要求“DND”服务的客人姓名、房号和具体服务时间，记录在交接班本上（或注明在记事板上），并写明接客人通知的时间。

（2）将电话号码通过话务台设置上“DND”，此时所有呼叫的电话都无法打进，并将此信息准确通知所有其他当班人员。

（3）在免打扰期间，如访客要求与住客讲话，话务员应委婉建议其留言或待取消“请勿打扰”之后再来电话。

（4）客人要求取消“DND”后，话务员应立即通过话务台释放被锁的电话号码，同时，在交接班本上或记事板上标明取消记号及时间，并签名。

5. 受理长话服务

现在，越来越多的酒店房间内能提供国际、国内直拨长途电话的服务，分别简称IDD（International Direct Dial）和DDD（Domestic Direct Dial）。为了方便住客，饭店设计了电话服务指南（置于房间床头柜上），供住客查阅使用，住客在客房内直拨长话，计算机自动计时计费，大大减轻了话务员的工作量。另外，话务员应注意及时为入住客房开通长话权限，以及为退房结账的客房关闭长话权限；若团队、会议客人需自理电话费用，则应将其记入相应的账单。

6. 提供叫醒服务

总机所提供的叫醒服务（Wake-up Call）是全天24小时服务，细分为人工叫醒和自动叫醒两类。一般酒店为散客或重要客人提供人工叫醒，为团体客人使用自动叫醒；或者先为客人提供自动叫醒，3分钟后话务员提供人工叫醒，以便确认客人是否被叫醒。其服务程序如下。

1）人工叫醒

（1）受理客人要求叫醒的预订。

（2）问清要求叫醒的具体时间和房号。

（3）填写“叫醒服务记录表”（表5-1），内容包括房号、时间及（话务员）签名。

（4）在定时钟上准确定时。

（5）定时钟鸣响，话务员接通客房分机，叫醒客人。

（6）核对叫醒记录，以免出现差错。

（7）若客房内无人应答，3分钟后再叫一次。若仍无人回话，则应立即通知大堂经理或楼层服务员前往客房，实地察看，查明原因。

2）自动叫醒

（1）受理客人要求叫醒的预订（有的饭店客人可直接在客房内的电话机上，根据服务指南上的提示进行操作，自己确定叫醒时间）。

（2）问清叫醒的具体时间和房号。

（3）填写“叫醒服务记录表”，清楚记录叫醒日期、房号、时间、记录时间及话务员签名。

（4）及时将叫醒要求输入计算机，并检查屏幕及打印机记录是否准确。

（5）夜班话务员应将叫醒记录按时间顺序整理记录在交接班本上，整理、核对并签字。

（6）话务员将需要叫醒服务的房间电话号码在话务台上设置叫醒任务，设置时应仔细检查，防止将叫醒时间或房号设置错误。

（7）当日最早叫醒时间之前，应先检查叫醒机是否正常工作。若发现问题，应及时通知工程部。

（8）注意查看叫醒无人应答的房间号码，及时通知客房中心或大堂经理，进行敲门叫醒，并在交接班本上做记录。

表 5－1　叫醒服务记录表

wake-Up call record

date 日 期	room No. 房间号码	guest name 客人姓名	time 时 间	caller 致电者	operator 总机	special request 特殊要求	computer enter 电脑输入	auto calling 自动执行	repeat calling 重复执行

■ **案例赏析**

某星级饭店的总机房，某日下午4：30，1208房的住客李先生打来电话说：“刚才电话叫醒我，真让我吃了一惊，因为我拿起电话听到的第一句话是：Morning，your morning call（早上好，您的叫早服务）。现在已是下午16：30，怎么回事？”听罢，话务员觉得出了差错……

思考：1. 案例中，什么环节出了差错？

2. 为什么会出现此差错？如何纠正？

7. 充当饭店临时指挥中心

当饭店出现紧急情况时（如发生火灾、水灾、伤亡事故、恶性刑事案件等），总机房便成为饭店管理人员迅速控制局势，采取有效措施的临时指挥协调中心。话务员应按指令执行任务，做到以下几方面。

（1）保持冷静，不惊慌。

（2）立即向报告者问清：事情发生地点、时间，报告者身份、姓名，迅速做好记录。

（3）即刻使用电话通报饭店有关领导（总经理、驻店经理等）和部门，并根据指令，迅速与市内相关部门（如消防部门、安全部门、公安部门等）紧急联系。随后，话务员应相互通报、传递所发生情况。

（4）坚守岗位，继续接听电话，并安抚客人，稳定情绪。

（5）详细记录紧急情况发生时的电话处理细节，以备事后检查，并加以归类存档。

5.2　商务中心服务

随着现代社会的发展，酒店已不仅仅是一个吃、住、行、游、购、娱的场所，不少中高档酒店为满足客人在住店期间的商务需要，越来越多的酒店设立了商务中心（Business Center）。商务中心是酒店为方便住店客人，满足他们商务需要而设立的一个服务项目，为客人提供复印、传真、文字处理、翻译、文件抄写核对、会议记录及秘书工作等服务。

商务中心一般设在饭店大堂附近的公共区域内，一则方便客人，二则便于与总台联系，同时便于客人使用商务中心从事各类商务活动。商务中心应具有安静、隔声、幽雅、舒适和整洁等特点，环境布置应令人赏心悦目，以提高工作效率。

5.2.1 商务中心员工的岗位职责

1. 商务中心主管/领班

（1）对前厅经理负责，确保商务中心工作优质高效。

（2）负责对下属服务员排班、考勤。

（3）检查商务中心的设施设备保养状况及卫生情况，如复印机、传真机、打字机及碎纸机等工作是否正常。

（4）掌握当日 VIP 情况，并安排好工作。

（5）检查当班服务员仪表仪容、礼貌礼节、工作态度及服务状态。

（6）查阅交接班本，并做工作指示。

（7）注意将夜间接收的传真及时转送客人手中，疑难文件速交大堂经理处理。

（8）核对前一天的营业日报表及单据。

（9）定期召开例会，评估上周工作，传达部门主管等会议的有关内容。

（10）定时填报当月工作报表，并交下月工作计划。

（11）督导票务员做好票务工作。

（12）负责对服务员业务和外语培训，并定期进行考核。

（13）定期对服务员开展工作评估，并执行奖惩制度。

（14）协调与其他部门关系，处理客人有关商务中心服务的投诉。

（15）遇有重大问题或难题，及时汇报，以便尽快解决。

2. 商务中心文员

（1）准确、迅速地解答客人有关商务服务的各种问题。

（2）为客人提供复印、打字、传真收发及翻译等服务，并为客人保密。

（3）确保工作环境整洁，办公设备良好和有效。

（4）认真填写交接班本，做到书写清楚、正确和完整。

3. 商务中心票务员

（1）代办客人的邮件业务，出售邮票。

（2）代办交通票务。

（3）代办旅游、娱乐及体育票务。

（4）代印名片、冲洗胶卷及扩印照片等。

5.2.2 商务中心员工的素质要求

商务中心员工的素质要求有以下几方面。

（1）修养良好，热情礼貌，责任心强。

（2）机智灵活，能有效地与客人进行沟通。

（3）熟悉工作业务及其程序，掌握工作技巧和服务技能。

（4）知识面较广，英语听、说、写及口译均熟练。

（5）具有熟练的计算机操作和打字技术。

（6）熟知饭店设施、服务项目和各类促销营业推广信息。

（7）掌握旅游景点及娱乐等方面知识和信息。

（8）作为票务员，还应熟知各类票价、邮政须知和收费标准，以及国内外主要报纸、杂志的类型和收费标准。

5.2.3 商务中心服务内容

1. 复印服务

（1）主动问候客人，介绍收费标准。

（2）接过客人的复印原件，根据客人要求，选择纸张规格、复印张数。

（3）将复印原件在复印平面上定好位置，检查送纸箱纸张，按动复印键。

（4）需放大或缩小的复印，按比例调整尺寸，检查第一张复印效果，如无问题，则可连续复印。

（5）复印完毕，取原件交给客人，如原件为若干张，则应注意按顺序整理好。

（6）问明是否要装订文件，替客人装订。

（7）根据复印张数和规格，开立账单。账单通常一式三联，将二联、三联撕下，第二联交总台收款处，第三联呈交客人，如客人不要，立即用碎纸机销毁。

（8）若客人要挂账，请客人出示房卡，并签字。

（9）若客人要开发票，将发票第二联交给客人，第三联需同账单的第二联一起交总台收款处。

（10）将账单号码、房号、金额及付款方式分别填在“商务中心日复印、打字报表”上。

2. 打印服务

（1）主动问候客人，介绍收费标准。

（2）接过客人原稿文件，了解客人打印要求及特殊格式的安排，浏览原稿，检查是否有不清楚的字符。

（3）告知客人大概完成时间。

（4）文件打出后，应请客人校对。

（5）如需修改，修改后，再校对一遍。

（6）将打印好的文件交给客人。根据打字张数，为客人开单收费，请客人签字后，将账单转至总台收款处。

（7）询问客人是否存盘及保留时间，若无需保留，则删除该文件。

（8）填写“商务中心日复印、打字报表”。

3. 传真接收服务

（1）认真阅读来件信息，与总台确认收件人姓名及房号。

（2）填写“商务中心日传真来件报表”。

（3）电话通知客人有传真来件，如客人在客房，应告诉客人将派行李员送到房间，然后开出账单交总台收款处；若客人不在房间，则进行留言服务。

（4）留言单右上角应注明客人离店日期和时间，以便能在客人离店前将传真送给客人。

（5）疑难来件应及时请示大堂经理，妥善处理查无此人的来件。传真来件按饭店规定收费。

案例赏析

某日傍晚，南方某酒店1429房间的客人打电话到商务中心，说：“我是1429房间的客人，马上有一个客户发传真过来，我们这就派人去取。”几分钟后，有一位客人来到商务中心，对服务员小赵说：“我是14层的客人，来取传真。”小赵随即将传真给客人，并让客人签了单，然后将账记到了1429房间。过了两分钟，1429房间的客人又给商务中心打来了电话，问：“我们的传真来了吗?”小赵说：“已经有人取走了。”客人非常惊讶，忙问：“谁取走的？我们的人还没有下去呢!”小赵赶紧查账单签字，说：“是×××取走的。”1429房间的客人说：“我们没有这个人。”小赵再一细查，发现原来客人签的是1409房间。小赵赶紧与1409房间的客人联系，得知客人取走的确实是发给1409房间的传真，而1429房间客人的传真还没有传到。于是，他马上通知1429房间客人传真未到，随即又与收银员联系，及时调整有关账目。但1409房间的客人对商务中心找他查对1429房间的账单表示不理解，心想：我取的是自己的传真，跟1429房间有什么关系呢?

［**评析**］：案例中服务员小赵在整个服务过程中都没有按操作程序工作，取传真件时没有核对接收传真件的房间号，给客人传真时又没有确认客人的房间号，在让客人签单时仍然没有核对客人的房间号，而只是想当然地认为刚才1429房间的客人打电话要取传真，来了一位客人说取传真，就以为是1429房间的客人，以致出现张冠李戴的情况。如果1409房间的客人取走1429房间的传真涉及重大商业秘密，那后果将不堪设想。

商务中心的主管和领班应强化对员工进行服务程序的培训，同时加强现场督导检查，以确保服务的准确性和高效率。

4. 传真发送服务

（1）主动问候客人，问明发往的地区。

（2）查看客人所提供的地区号码，并进行校对。

（3）输入传真号码后，先与稿件上号码核对，确认无误后，再按发送键。如发送时，对方接通传真机，而且通话状态，此时，需拿起电话告知对方接通传真机。事先应向客人讲明，传真发送需收费，按时间（或页数）计算。

（4）事先向客人说明收费标准。

（5）传真发出后，应将原件交给客人。

（6）按饭店规定计算传真费。

（7）请客人付款或签单，账单上注明传真号码及发送所用时间。

（8）将账单送至总台收款处。

（9）填写"商务中心日发送传真报表"。

5. 打字服务

（1）客人来商务中心要求提供打字服务时，应主动问候客人，按要求受理此项服务。

（2）接过客人的稿件时，要问清客人要求（字体、标点、格式、有何特殊要求等），浏览核对原稿有无不清楚之处。

（3）告诉客人最快的交件时间。

（4）记录客人的姓名、联络电话及房号等。

（5）打字时，一般要求，每分钟打字50字以上。

（6）初稿出来后，对照原稿检查有无差错，核对一遍。

（7）通知客人取件。

（8）请客人亲自核对，询问有无改动。如有改动，则修改后再检查，以保正确。

（9）将打印好的文件交给客人，按规定价格、页数和字数为客人开出收费单据，请客人缴费。

6. 翻译服务

根据GB/T 14308—2010，三星级以上增加翻译服务，商务中心可提供笔译、口译和专职秘书服务。提供此类服务，对提高酒店档次，提高客源层次，吸引商务客人提供了便利，其服务程序如下。

（1）客人提出要求提供翻译服务时，当班服务员向客人确认是口译还是笔译。

（2）如是笔译，则应向客人询问翻译的页数、性质（文件、科技资料等）及交稿时间。

（3）根据客人提供的资料及酒店确定的收费标准完成翻译任务。

（4）译好后，由商务中心通知客人取稿。

（5）可请客人先核对，如对译稿有异议，可请译者修改或与客人协商解决，直至客人满意为止。

（6）开取账单结账。

（7）客人要求口译服务，则应问清开始时间、需要多久及地点，并向客人说明收费标准。

（8）派酒店专职翻译前去，工作完毕，付费结账。

本章小结

- 酒店总机工作要求服务员熟悉本组范围内的所有业务和知识，认真做好交接班工作，按工作程序迅速、准确地转接每一个电话，同时对客人的询问要热情、有礼、迅速地应答，主动帮助宾客查找电话号码或为住客保密电话，并且准确地为客人提供叫醒服务。
- 商务中心服务员必须向当班主管负责，完成主管交给的任务，在当班过程中出现特殊情况时向主管请示汇报。服务员必须熟悉当班的工作，如会议服务、接收传真、复印打字，对各种未完成的工作了如指掌。同时负责对客的账务，包括传真、复印打字的费用，协助主管进行一些日常性的管理工作，并协助主管对新员工进行培训。

思考题

一、单选题

1. 总机房的环境要求不包括（　　）。

A. 安静　　B. 保密　　C. 清洁　　D. 豪华

2.（　　）不属于总机话务员的基本素质要求。

A. 优雅漂亮　　B. 责任感强　　C. 口齿清楚　　D. 音质甜美

3. 当话务员接转客人电话之后，如对方无人接听，在铃响（　　）后，应向客人说明。

A. 15 秒　　B. 30 秒　　C. 45 秒　　D. 60 秒

4. 当客人要求人工叫醒服务时，若客房内无人应答，应在（　　）分钟后再叫一次。

A. 1 分钟　　B. 3 分钟　　C. 5 分钟　　D. 7 分钟

5. 话务员对于自动叫醒无人应答的房间号码，及时通知（　　），进行敲门叫醒，并在交接班上做记录。

A. 客房主管　　B. 客房服务员　　C. 客房服务中心　　D. 饭店保安人员

二、判断题

1. IDD 指的是国际直拨长途电话。（　　）
2. 总机房的环境应处于舒适的氛围中，其他员工如果有事，可自由进入总机房。（　　）
3. 总机房的设立位置应尽量靠近客房部。（　　）
4. 当客人对常用电话号码进行查询时，话务员也可以请客人留下电话号码，待查清后，再主动与客人联系。（　　）
5. 当有电话找“DND”客人时，如果情况紧急，话务员可为其接转到房间。（　　）
6. 现代饭店由于性质不一样，根据客人的需要，大多都不设置商务中心。（　　）
7. 商务中心设施包括复印机、传真机、打字机、碎纸机等。（　　）
8. 商务中心是为客人服务的，所以在位置选择上应该设置在客房的楼层内。（　　）
9. 商务中心文员必须确保工作环境的整洁，办公设备良好、有效。（　　）
10. 打印服务中，文员将文件打印完毕后，由自己进行校对，然后根据打字张数进行收费结账。（　　）

三、简答题

1. 总机工作环境的布置应该注意哪些要求？试举例加以说明。
2. 简述总机话务员的素质要求？
3. 人工叫醒服务的程序是怎样的？
4. 如何为客人办理转接电话手续？
5. 简述发送传真的服务程序。

四、实训题

两人一组，分角色演练留言服务，并互换角色，谈谈自己的感受。

6

房价与收益管理

内容概要

1. 房价管理
- 房价的构成与等级；
- 房价的特点；
- 房价的类型和计价方式；
- 影响客房定价的因素；
- 制定房价的方法和策略；
- 客房价格的控制和调整。

2. 收益管理
- 收益管理内涵及衡量指标；
- 收益管理系统。

学习目标

(1) 了解客房价格的构成和特点。
(2) 熟悉客房价格的类型和计价方式。
(3) 熟悉影响客房定价的因素。
(4) 掌握客房定价的方法和策略。
(5) 熟悉客房价格的控制和调整方法。
(6) 掌握收益管理的概念及衡量指标。

客房收入是饭店的主要收入来源。因此，制定合理的房价是饭店经营管理中一项关键的决策。由于房价政策的实施是由前厅来完成的，所以前厅工作人员一定要熟悉房价的基本构成，严格执行房价政策。同时，前厅还应制定相应的管理制度，使前台工作人员有章可循，提高严格执行房价政策的自觉性与主动性。

前厅销售的主要任务是销售饭店客房和其他设施使用权及相关服务。其目标是通过前厅工作人员的共同努力，尽可能地提高饭店现有产品的销售额，最大限度地实现饭店收益。

案例赏析

某三星级饭店位于东部沿海一座风景秀丽的旅游城市，该市有五星级饭店5座、四星级饭店18座、三星级饭店30座，其他各类旅馆也是非常多。面对即将到来的7—9月的旅游旺季，饭店管理者要根据情况，仔细分析市场竞争、旅游者需求和自身状况，对房价进行一定的调整。

思考：1. 饭店为什么要进行房价的调整？房价的调整应注意什么问题？

2. 此时，饭店对于一些特殊的房价应如何控制与调整？

6.1 房价管理

价格决策是酒店一项主要的决策内容，对现代酒店管理具有十分重要的意义。这不仅是因为在酒店经营中，价格是涉及客房经营收入的主要变量，而且是影响消费者购买客房产品的主要因素。

6.1.1 房价的构成与等级

1. 房价的构成

客房价格是指客人使用酒店客房所应支付的住宿费用。饭店客房价格是由客房商品的成本和利润构成的。其中客房商品的成本项目包括建筑投资及由此产生的利息和客房设备折旧费、修缮费、物资用品消耗费用、土地资源使用，以及经营管理费、客房服务人员工资福利、保险费和营业税等。利润则包括所得税和客房利润。

2. 房价的等级

一家饭店往往有不同类型的客房，如单间、标准间、套房等，而且同种类型的客房，也会因客房的面积、内部设备设施和装饰装修、所处楼层、方位朝向及私密性等不同而有不同的客房价格。另外，房价的不同，也会使宾客感到不同价格反映了产品质量的差别，同时也可简化他们选购的过程。因此，饭店客房的价格应有等级之分，以吸引对房价有不同需求的客人。

客房价格的等级不宜过多。大饭店房价等级要比小饭店多。一般来讲，拥有300间以上客房的饭店，常有不同类型的客房，房价可划分五个等级；客房数少于300间的饭店的房价，可划分三个等级。房价的等级数量应符合正态分布规律。由五个等级构成的房价结构中，40%客房价格为平均房价，最高、最低价格的客房各占10%，次高、次低房价的客房各占20%。由三个等级构成的房价结构中，60%客房的价格为平均房价，高价与低价客房各占20%。

6.1.2 房价的特点

客房商品的特殊性决定了其价格的自身特点，正确认识这些特点，有助于正确制定价格策略和定价方法，做好客房价格管理工作。

1. 价值补偿的局限性

客房作为一种特殊商品不同于一般商品，它的使用价值是通过在一个区间内出租客房的使用权，为旅游者提供住宿环境，满足其旅居生活中的物质和精神需要，实现其价值。重复消费不可能，在超区间的范围内消费也不可能，客房价格因此具有空间和时间上的局限性。同时，客房价格的局限性还表现在酒店客房商品的一次性投入较大，而经营过程中的劳动耗费较小，在客房经营费用中，不变成本占有较大比重。所以，在确定客房价格时，必须考虑所定客房价格能否补偿不变成本的最低价格水平。这又决定了客房价格要有一个最低限度，具有数量上的局限性。

2. 价值的不可储存性

客房商品的价值完全随时间的消逝而消失。客房在规定的时间内不出售，当天的效用就自然失去，其当天的价值也就永远不能实现。客房商品价值的实现是服务过程与消费过程的统一，在时间上是不可分割的。因此酒店企业在经营管理中，必须通过提供优质的服务和灵活的价格策略，及时实现客房商品的价值。例如，在现代酒店的经营中，很多酒店推出“特价房”、“钟点房”和“即时打折”等客房价格措施。

3. 价格的差别性

客房是人们旅游投宿活动的物质承担者，又是一种高级消费品，具有满足客人生存需要、享受需要和发展需要三种功能。不同类型的客人在购买客房商品时的要求不同，决定了各类客房商品价格的差别性。同时，客房出租受季节、气候及节假日等因素影响较大，出租率在时间上常呈明显的淡旺季差别。特别是观光型酒店和度假酒店这种出租率的季节性波动更为明显，即使是商务旅游者或会务旅游者，也会一定程度上存在这种差别。近年来“国际劳动节”、“国庆节”黄金周的客房价格的反常波动就充分说明了这一点。

案例赏析

老杰克与妻子计划同儿子帕尔默全家、女儿海伦全家共赴佛罗里达州的棕榈湾游玩，休假一周。由于父母与儿女分居美国东西海岸，故约好分别开车去投宿处——卡尔迪饭店。

老杰克与妻子先到饭店，入住每天120美元的标准房。杰克在总台要求打折，服务员说：“上午入住，我们收全价，不能打折扣，如您下午或晚上入住，将享受更优惠的价格。”杰克挑了一间朝向大海的房间，心想尽管多付了些钱，但天天可眺望大海、沙雄、树林和晒日光浴的人群。同时，他又暗自祈祷，希望儿女们、年幼的孙辈们晚些抵店，以节省一些房钱。

女儿一家于下午5时抵达，房价已降到90美元。

儿子一家来得最晚，总台上房价已降到60美元。帕尔默夫妇解释说，他们一清早就从纽约郊外长岛的住宅出发，本来可以在下午4时到达，但因汽车中途抛锚，请人用拖车拉到修车铺，修了4个多小时，所以晚上8时才到达。修理费用了300美元，但这些损失却从客房折扣中得到了补偿。

他们欣喜了没几天，就从其他游客那儿得知，晚间11时前后，只要还有空房，标准间房价仅40美元，套间、豪华房间也仅收一半的价钱，比周围的其他酒店便宜得多。

[评析]：原来，该酒店实行弹性房价制，将全天24小时划分成不同的时间段，以上午10时前后为标准价（门市价），下午、傍晚、深夜分别推出较低的价格，以吸引那些犹豫不定、尚在选择之中的客人，显示出价格竞争上的优势。当然，第一天价低，后两天也享受同一价格。但3天以后7天之内恢复原价。事实上，大多数游客一般住两三天，腾出空房后，仍能获得优惠。

4. 价格的模糊性

一方面，任何商品的价格都是由其自身的价值和使用价值所决定的，客房作为综合性商品，其基本内涵就是服务，所以它的价格取决于客人对酒店服务商品的价值和使用价值的认可程度。而不同层次、不同类型的客人对同一家酒店的服务商品也会有完全不同的主观感受。另一方面，客房价格还受到整个市场对该种商品的供求关系的影响和酒店自身形象及品牌的知名度等因素的“干扰”，因此酒店客房的价格有相当的模糊性。

6.1.3 房价的类型和计价方式

1. 房价的类型

饭店客房产品的市场交易价格，可分为下列四种基本类型。

1）标准房价

标准房价也称门市价或公布房价，是在饭店价目表上公布的各种类型客房的现行价格。

大部分饭店一年中的标准房价都是一样的，但旅游胜地的饭店却按季节实行两种价格制度。标准房价中通常不包括税金和服务费。

2）特别房价

特别房价即优惠房价，是指饭店免费或以优惠价格向客人提供客房。

（1）免费房价（Complimentary）。免费客房既是饭店招待宾客的手段，又是市场营销中宣传饭店的方法之一。在互惠互利的原则下，给予和饭店有业务关系的客人免费款待待遇。免费的范围既可以包括餐费，也可以仅限于房费。

对于15人以上的旅游团队，饭店可为一名导游（Tour Guider）或领队提供免费客房；30人以上时，可为2人提供免费客房或免费提供双人间客房，依此类推。

（2）优惠房价包括以下几种。

① 团队价（Group Rate）。是饭店为团队客人提供的优惠价，其目的在于吸引大批客人，从而售出大量客房。

② 家庭租用价（Family Plan Rate）。饭店为携带小孩的父母所提供的优惠价。例如，给予未满6岁儿童免费提供婴儿小床或对12岁以下儿童免收加床费等，以刺激家庭旅游消费者。

③ 淡季价（Slack Season Rate）。饭店在经营淡季，为刺激需求，提高客房利用率而为客人提供的优惠价。通常在标准价的基础上，下浮一定的百分比。

④ 小包价（Package Plan Rate）。饭店对住店客人提供的一揽子包价，除房费外，还可以包括餐费、游览费、交通费及游乐费等项目的费用，以方便客人预算。

⑤ 折扣价（Discount rate）。饭店向常客或长住客或其他有特殊身份的客人提供的优惠价。

⑥ 商务价（Commercial Rate）。饭店与客源输送单位签订房价合约，按合约的规定给予来自签约单位的客人优惠价格，以求双方长期合作。该优惠价主要视其提供的客源量或在店的消费额的多少而确定。

⑦ 合同价（Contract Rate）。也称批发价，是饭店给予中间商的优惠价。根据中间商的批发量和付款条件，饭店给予不同的数量折扣和付款条件折扣。

3）追加房价

追加房价是在公布房价的基础上，根据客人的实际住宿情况，另外加收的房费。

（1）白天租用价（Day Use Rate）。客人退房离店超过了规定时间，饭店应向客人收取白天租用价。许多饭店规定客人在中午 12 时以后、18 时以前退房，加收半天房费。18 时后退房，加收一天房费。

（2）深夜房费（Midnight Charge）。客人在深夜或第二天凌晨抵店，饭店将向客人加收一天或半天房费。

（3）保留房价（Blocked Room Charge）。住客因短期外出旅行或公干，但继续保留所住客房，或保证预订客人因特殊情况未及时抵店，如飞机晚点等，饭店对其预约予以保留。对上述两种情况，饭店通常需要客人支付为其保留客房的房费，但一般不再加收服务费。

（4）加床费（Rate for Extra Bed）。是指饭店对需要在房内临时加床的客人所收取的额外的费用。

4）其他房价

（1）旺季价（High Season Rate）。饭店在营业旺季，为最大限度地提高经济效益而将房价在标准价的基础上，上浮一定的比例。但应注意不得违反当地政府有关价格调整的规定。

（2）房间差价（Different Room Rate）。饭店把面积、设施设备相同的房间因楼层、位置、朝向、景观的不同而制定不同价格的做法，叫房间差价。

（3）双开房价格（Double Room Rate）。一间客房内住宿客人的数量影响着客房价格。客房价格通常是以住客人数为基础推算的。然而，对于一间标准间而言，一位客人和两位客人住宿的价格差别不大。因为，这间客房的固定成本是大致相同的，可变成本相差不大。客房内人数越多，费用的增加往往越小。根据饭店管理经验，双人占用的房价应该比单人占用的房价至少高出 1/3。例如，某房间单人占用 400 元，那么双人占用则为 600 元。这种定价方法也得到了国外饭店业的公认。

2. 房价的计价方式

饭店计价方式也有所区别，通常按照对客人的房费报价中是否包括餐费，以及包含哪几餐的费用而划分成下列不同的计价方式。

1）欧式计价

欧式计价（European Plan，EP）只含房租，不包括餐饮费用。这种计价方式起源于欧洲，被世界绝大多数饭店所广泛采用。我国旅游涉外饭店也基本采用这种计价方式。

2）美式计价

美式计价（American Plan，AP）不仅包含房费，而且还包括一日三餐的费用，故又被称为“全费用计价方式”。多为远离城市的度假型饭店或团队客人所采用。

3）修正美式计价

修正美式计价（Modified American Plan，MAP）包含房费和早餐费用，此外，还包括一顿午餐或晚餐（两者只任选一个）的费用，此种计价方式多用于旅行社组织的旅游团队。

4）欧陆式计价

欧陆式计价（Continental Plan，CP）包含房租及一份简单的欧陆式早餐（Continental Breakfast）的餐费。其早餐主要内容包括冷冻果汁、烤面包、咖啡或茶。有些国家把这种计价方式称为“床位连早餐”计价。此类计价方式多用于商务型饭店。

5）百慕大式计价

百慕大式计价（Bermuda Plan，BP）包含房租及美式早餐（American Breakfast）的餐费。美式早餐除包括欧陆早餐的内容外，通常还包括鸡蛋、火腿、香肠及咸肉等肉类食品。

6.1.4 影响客房定价的因素

饭店管理人员在制定客房价格时要考虑许多因素，但一般均可归纳为两大类：一类是可控因素（内在因素），即管理人员在定价时有能力控制的因素；另一类是不可控因素（外在因素），即指那些对客房价格制定有影响，但管理人员又无法控制的因素。具体来说如下。

1. 影响客房定价的可控因素

1）成本

从饭店经营角度来看，价格必须高于成本才能有利可图。因而成本是影响定价的最基本因素。饭店客房成本，可分为固定成本和变动成本。客房固定成本，是指在正常经营条件下与客房出租间数无关，即使客房出租率为零也必须照常支付的成本费用；变动成本是指随客房出租间数的变化而变化的成本费用。固定成本与变动成本之和就是总成本。饭店经营者要使制定的价格高于这个总成本，必须平衡好在短期和长期内成本与销量之间的关系。

2）非营利性服务支出

饭店的一些服务项目并不是直接赢利的，如饭店卫生、客房的维修保养等。但这些服务又是饭店经营活动顺利进行所必不可少的，要花费一定的人力、物力和财力，需要靠客房价格赢利给予补偿。

3）非营利性部门费用的分摊

非营利性部门主要包括饭店财务部、人事部、工程部及安全部等行政管理部门和后勤保障部门。这些部门在运行中要耗费一定的资金费用，这些费用支出要分摊到客房、餐饮、商品和其他价格中去。因此，客房价格要能够补偿非营利性部门的部分费用支出。

4）优惠房价造成的收益损失

饭店要为一些特殊客人提供优惠价甚至免费住宿，由此造成的客房成本增加也要靠正常房价来弥补。

5）饭店服务质量

服务质量是饭店生存和发展的基础。饭店之间的竞争，本质上是服务质量的竞争。因此不断提高饭店服务质量，以质量求效益是每一家饭店发展的必经之路。为什么服务和管理一流的饭店产品可售高价？究其原因，主要是因为服务增值。所以定价时，除考虑饭店的设施设备（硬件）的豪华程度之外，还应考虑其服务质量（软件）的高低。

6）饭店的星级档次

饭店的星级档次不同，其产品价格水平也明显不同。高星级饭店的建筑投资大、经营费用高、设施设备全、服务项目多，因此客房的内在价值相对较高。这样，客房价格也就自然地比中低档饭店要高些。

2. 影响客房定价的不可控因素

1）饭店的地理位置

地理位置对饭店经营具有非常大的影响。一般而言，位于市中心、商业区，离机场、车站比较近，交通便利的饭店，其房价要比处于近郊偏远地区的饭店高。

2）竞争因素

本地区其他饭店，特别是档次相近的饭店，其房价常会对本饭店房价的制定产生较大的影响。价格高于竞争对手，推销困难、出租率低，无法吸引市场需求；价格低于竞争对手，马上会引发一场降价战，这是一种低档次的竞争，往往以饭店利润的流失为代价。因此，在制定房价时，一定要对本地区饭店的数量、等级、类型、客房价格水平及其定价策略做好市场调查，制定出既切合本饭店实际情况又有较强竞争力的房价。

3）有关部门和组织的价格政策

制定房价是饭店企业自主的经营活动，但仍要受到政府主管部门及行业协会等组织、机构对饭店价格政策的制约。国家为保护旅游业的有序发展，防止不正当竞争，采用如限制饭店最高房价和最低房价，以及在旅游旺季规定最高涨幅等各种方法，对各星级饭店房价实行政府价格指导。

4）国际国内形势

国际国内形势对制定房价也有一定影响。例如，世界政局动荡、经济发展速度减缓、国家或地区间的战争等，都会导致旅游业大幅度滑坡，从而引起饭店房价的波动。例如，1997年爆发的东南亚金融危机，导致日本、韩国和东南亚来华旅游人数锐减，客源消费水平明显下降。因此，饭店在房价制定和对外报价时，务必充分考虑客源市场的具体状况。

知识链接

奥运会临近，伦敦酒店房价翻一番

一项年度调查报告显示，伦敦奥运会期间，伦敦的酒店房价至少涨至上一年的两倍以上。某酒店预订网站的一项调查发现：在2012年3月预订8月酒店的房价比上一年同期增长102%。

全球最大的在线旅游公司旗下的网站表示，2012年夏季伦敦酒店的平均房价将高达213英镑。该公司的一项涉及约20 000个地区的142 000多处酒店的年度调查报告显示，2011年国际范围内的酒店房价较2010年增长了4%。据分析，随着世界范围内的80座大城市或旅游景点中有69个的酒店房价呈现涨幅的态势，英国有2/3以上的著名旅游目的地的酒店房价均呈现上扬趋势。

该酒店预订网站的总裁大卫·罗切（David Roche）表示："2011年度房价的上涨意味着，与到其他绝大多数的国外旅游景点相比，到英国著名旅游胜地游玩的游客将要在住宿上花更高昂的费用。由于货币价值波动及企业出差增加等一系列的因素，当消费者对预订房间感到挣扎的时候，酒店房价已经被抬高了。"

2011年，亚洲酒店房价下跌2%，太平洋地区酒店房价上涨8%，北美上涨5%，拉丁美洲上涨4%，加勒比海地区上涨3%，欧洲和中东均上涨2%。

6.1.5 制定房价的方法和策略

1. 制定房价的方法

客房价格的制定是前厅业务中的重要内容之一，房价合理与否会直接影响客人的满意程度和饭店的经济效益。在综合考虑各影响因素的基础上，饭店可根据一定的计算方法推算出客房价格。常用的方法有以下几种。

1）千分之一定价法

千分之一定价法，也称"经验定价法"或"建筑成本定价法"。它是酒店长期以来广泛采用的一种定价方法，即以饭店总建筑成本除以房间数，再除以1 000作为每个客房的平均价格。计算公式为

$$平均客房价格=酒店建造成本/房间数/1000$$

这种方法比较简单，但是存在着一定的问题。

（1）按照这种方法计算出来的房价是平均房价，实际不同类型的客房的价格是不

同的。

（2）这种方法没有考虑经营成本，不够精确。

（3）饭店的客房、餐饮及娱乐设施等，其规模和投资比例应适当。也就是说饭店的餐饮和娱乐设施应主要是满足住店客人的需求，否则按照总投资额和客房数计算出来的平均价格就会过高。

（4）这种方法可以用来指导饭店，尤其是新建的大中型饭店客房的定价。

（5）此方法只考虑了客房的成本因素，没考虑供求关系及市场的竞争状况，因此，只能作为参考。

为克服这些缺点和不足，有关学者对千分之一定价法做了一些修正，现在的方法是平均客房价格为建筑成本的1.5‰，以解决定价中建造成本上升的问题。

2）赫伯特公式法

赫伯特公式（Hubbart formula）是由20世纪50年代美国饭店和汽车协会主席罗伊·赫伯特（Roy Herbert）主持发明的。它以目标投资回报率作为定价的出发点，在客房成本计算的基础上，在保证实现目标利润的前提下，根据计划的销售量、固定费用和需达到的合理的投资收益率来决定客房的平均价格。计算公式为

$$\text{年客房预订销售额}=\text{酒店总投资额}\times\text{目标投资回收率}+\text{酒店企业管理费}+\text{客房经营费用}-\text{客房以外其他部门经营利润}$$

$$\text{平均客房价格}=\frac{\text{年客房预计销售额}}{\text{可供出租客房数}\times\text{预计出租率}\times\text{年天数}}$$

例如，某酒店有客房120间，全年营业费用为2 680 000元，税收和保险费为356 400元，折旧费为1484 000元，合理投资收益额为2 158 000元，客房以外其他部门的经营利润为960 000元，预计年平均出租率为70%。

根据赫伯特公式法，可得

$$\text{平均客房价格}=\frac{2\ 158\ 000+2\ 680\ 000+356\ 400+1\ 484\ 000-960\ 000}{120\times 70\%\times 365}=186.5\ (\text{元})$$

赫伯特公式法比千分之一定价法更合理。因为，在设计公式上充分考虑了饭店的利润目标、经营费用、经营成本和非客房部的营业收入，将制定房价中的相关因素做了综合考虑。但同时也存在某些缺点。

（1）公式中的各种相关因素是估算或假设得出的，计算出的客房价格将取决于这些数据的正确性和有效性。

（2）此公式中客房部要承担其他部门的盈亏负担，不尽合理。用缺乏竞争力的高房价来弥补其他部门的低效率是不合理的，而其他部门的高额赢利也不应成为制定过低客房价格的基础。

（3）过分注重企业经营成本和利润需求，而忽略了市场需求和宾客的心理。

因此，根据赫伯特公式法确定的房价只能在制定房价时作为参考。

3）客房面积定价法

客房面积定价法是通过确定客房预算总收入，来计算单位面积的客房应取得的收入，进而确定每间客房应取得的收入进行定价的一种方法。计算公式为

$$客房价格=\frac{客房预计总收入}{客房总面积\times预计客房出租率\times年天数}\times该客房面积$$

例如，某酒店客房总面积为 4 800 平方米，预计明年客房总收入为 430 万美元，客房出租率为 70%，那么面积为 24 平方米的客房价格为

$$客房价格=\frac{4\ 300\ 000}{4\ 800\times70\%\times365}\times24\approx84\ （美元）$$

可见，这种方法确定的客房价格主要受客房预算收入的影响，因此预算的客房收入准确与否，决定了这种方法是否科学与合理。

4）随行就市定价法

随行就市定价法是一种常见的以竞争为中心的定价方法。它是以同档次饭店平均房价或主要竞争对手的房价作为定价依据，制定出本饭店房价的一种定价方法。采用这种定价法的饭店，对本饭店成本和市场需求都较少考虑，认为市价反映了饭店业的集体智慧，随行就市定价就能使本饭店获得合理的收益。

在目前的酒店业中，随行就市定价法是一种很普遍的定价方法。特别是在竞争激烈，价格存在差别时，它能为新入市的酒店进行定价指导，减少定价的风险。

5）盈亏平衡定价法

盈亏平衡定价法是指在既定的固定成本、变动成本和客房产品估计销量的条件下，实现销售收入与总成本相等的客房价格，也就是饭店不赔不赚时的客房产品价格。计算公式为

$$客房价格=\frac{每间客房费用额}{1-税率}$$

其中，每间客房日费用额包括客房固定费用分摊额和变动费用部分。

客房固定费用日分摊额可依据不同类型客房的使用面积进行分摊。计算公式为

$$每平方米使用面积固定费用=\frac{全年客房固定费用总额}{客房总面积\times客房出租率\times年天数}$$

客房变动费用总额可按客房间数进行分摊。计算公式为

$$每间客房日费用额=客房使用面积\times每平方米使用面积日固定费用+每间客房日变动费用$$

例如，某饭店有客房 300 间，其中标准间 260 间，每间 25 平方米；双套间 30 套，每套 48 平方米；三套间 10 套，每套 68 平方米。假设保本出租率为 50%，客房全年预计总费用为 1 000 万元，其中固定费用 840 万元，变动费用 160 万元，营业税率为 5%，则

$$每平方米使用面积固定费用=\frac{8\ 400\ 000}{（260\times25+30\times48+10\times68）\times365\times50\%}$$
$$=5.3\ （元）$$

$$每间（套）日变动费用=\frac{1\ 600\ 000}{300\times365\times50\%}\approx29.2（元）$$

$$标准间房价=\frac{25\times5.3+29.2}{1-5\%}\approx170（元）$$

$$双套间房价=\frac{48\times5.3+29.2}{1-5\%}\approx299（元）$$

$$三套间房价=\frac{68\times5.3+29.2}{1-5\%}\approx410（元）$$

运用上述方法计算出各种客房的价格后，可根据具体情况进行调整。若以该价格出租，当出租率高于50%时，饭店可获得赢利。若提高价格，在出租率不变情况下，也可获得赢利。同时，客房销售结构的变化也会影响平均房价和最终的赢利水平。因此，盈亏平衡定价法常作为饭店各种定价方案进行比较和选择的依据。

2. 制定房价的策略

定价策略是企业制定价格的指导思想和行动方针，具体表现在对不同定价方法的选择。有明确的定价策略，就会使饭店在不同的情况下采取何种定价方法有选择的依据，使定价的方法和房价的调整变得灵活，从而顺利实现定价和销售目标。研究和制定有效的定价策略是实现定价目标的重要环节。对于一家饭店来说，在不同的条件下，应采取不同的策略。

1）周期定价策略

饭店客房产品和任何其他产品一样，具有一定的生命周期，包括初生期、成长期、成熟期和衰退期。客房产品在不同的生命周期具有不同的市场特征和产品特征，因而，不同生命周期也应采取不同的定价策略。

（1）初生期。客房产品从开发完毕到投入市场的初始阶段为初生期。这一阶段由于产品本身不完善，知名度低、销售额低，单位成本高。新产品在定价时，可以灵活地进行。一般来讲，饭店客房产品在这个时期定价可以着重考虑弥补开发成本或限制竞争等因素。因此，在这一阶段，常用的定价策略有以下几种。

① 低价进入策略，即将客房产品以较低的价格投入市场，目的是迅速地占领市场，取得较高的市场份额。这种定价有利于尽快打开销路、缩短初生期，争取产品尽快成熟完善；较低的价格还有利于有效地排斥竞争者进入市场，从而能够长期占领市场。这种定价策略，价格有时可能低于成本。但随着市场占有率的提高，销售量的增加，饭店可通过规模效应保证饭店的长远利润。另外，采取这种价格策略时，应针对价格敏感型的客人，通过低价刺激需求，提高市场占有率。

实行这种策略应具备以下条件：

市场潜力大、需求价格弹性高，低价可以有效地刺激消费需求；低价可以阻止竞争者介入，从而保持较高的市场占有率；生产成本与销售费用可随销售量的扩大而大幅度降低。

② 高价获利策略又称为撇油定价策略，是指饭店新的客房产品投放市场时，可以制定大大高于客房成本的价格。其目的是在较短的时间内获取丰厚的利润。这种定价

策略的优点在于可使企业尽快收回成本和开发费用，也为企业后期的降价竞争留有一定的余地。这种定价策略，适合于有鲜明特色而不易被模仿替代的客房产品，不宜普遍采用。

采用这种策略应具备以下条件：

新产品有足够的购买者而且愿意接受较高的价格；新产品仿制困难使得竞争者难以迅速进入市场；采取高价策略获得的利润足以补偿因高价造成需求减少所带来的损失。

（2）成长期。客房产品的成长期是以销售量的迅速增加为标志的，此时单位成本明显下降，饭店的利润增加，市场上的同类产品有增加的趋势。这一阶段可采取的定价策略有以下几种。

① 相对稳定的价格策略，即保持原有的价格相对稳定，而把主要的精力放在促销上，通过促销组织更多的客源完成较多的销量，从而实现利润最大化。

② 渗透价格策略。在市场需求增多的情况下，以较低的价格迅速渗透扩展市场，从而提高市场占有率，以销量的增加实现规模效益，增加利润。

（3）成熟期。这一阶段市场需求从迅速增长转入缓慢增长，达到高峰后缓慢下降，产品趋于成熟，成本降到最低点，客人对产品及价格有较充分的了解。处于成熟期的客房产品可根据不同情况，采取不同的价格策略。

① 稳定的价格策略。为了有更稳定的利润和保持产品在客人心目中的形象，可保持客房价格不变。此时应努力提高服务质量与服务水平，向客人提供一些附加的服务，树立鲜明的企业形象。

② 灵活的价格策略。饭店也应根据一些情况变化，采取灵活的价格，可以降价也可以提价。可采取降价的情况主要有：第一，当客房产品处于供过于求时，需增加营业额，在通过改进产品、强化促销和推销等营销决策时都不能刺激需求的增长时，饭店应通过降价来刺激需求。第二，在竞争激烈的情况下，市场份额大幅下降时，可主动降价。第三，因前期的经营，饭店的成本大幅度下降，有足够的实力降低价格，为了主动争取在市场上的领先地位，可大幅度降价。

如果目标市场是非价格敏感型的，可适当提价，并利用信息沟通在宾客心中创造高质量和高档次的形象。

（4）衰退期以市场需求从缓慢下降转向加速下降，产品成本又有上升的趋势为标志，客房产品进入衰退期。定价策略有以下几种。

① 驱逐价格策略，即以尽可能低的价格，将竞争者排挤出市场，争取更多客源的策略。此时，饭店客房的固定成本基本收回，房价可以低到略高于变动成本，就可为饭店赢得利润，即驱逐价格的最低限制是变动成本。

② 维持价格策略，即维持原来的价格，通过开发新产品、提高服务质量和开拓新市场维持销量的策略。这种定价策略可以保持饭店在客人心目中的形象，也可为饭店带来一定的经济收益。

2）品牌定价策略

品牌产品是市场公认的好产品。既然是好产品，“物有所值”，其定价都比较高，这无疑会给饭店带来巨大的利润。品牌是饭店的无形资产，成为饭店竞争的重要砝码。品牌有助于饭店宣传自己的产品，树立市场形象，建立宾客忠诚度，从而形成独特的竞争优势。因此，对于一个饭店来说，必须努力打造自己的品牌。因为拥有品牌，即使价格高，宾客往往更相信这样的产品，更乐意购买。

饭店的客房产品，应根据其在硬件设备设施和软件服务方面的优势与特色，树立起鲜明的品牌，定高价，附之以强大的促销，使客人感知和认同品牌。首先，应使购买过产品的客人认同产品，感觉物有所值；其次，利用消费过的客人的口头宣传，使潜在的宾客认为高价的产品有较高的质量，购买这种产品能获得更好的感受，能提高自身的社会地位与形象。

3）差异化定价策略

差异化定价是市场营销活动中一种很灵活的定价策略。由于市场上存在着不同的宾客群体、不同的消费需求和偏好，所以，企业可以根据这种需求差异，建立一种多价位结构，实施差异化定价策略。所谓差异化定价是指企业以两种或两种以上差异的价格来销售客房产品。价格的不同并不是基于成本的不同，而是企业为满足不同消费层次的要求而构建的价格结构。差异化定价策略有以下几种形式。

（1）宾客差别定价，即饭店把同一种客房产品按照不同的价格售给不同类型的客人。对散客、团队客人及家庭客人可以有一定的差异。

（2）位置差异定价。即使同种类型的客房产品的成本是相同的，但因位于不同的位置而制定不同的价格，就是位置差异定价。例如，同种类型的客房产品，由于所在楼层高低、不同的朝向和采光及室外景观的不同，可以制定不同的房价。同等档次的饭店，交通便利、近景点或商业中心的，其客房价格可以高一些。由于客人对不同位置的偏好，同一类型的客房虽然成本几乎相同，价格也可以不同。

（3）时间差别定价。价格随着季节、日期甚至钟点的变化而变化。饭店根据不同的销售时间，规定不同的客房价格。如淡旺季价格的不同、重要节庆活动与平时价格的不同，以及周末与工作日价格的不同。

（4）服务质量差别定价。同一客房产品在增加服务项目或服务水平较高时，可相应提高客房的价格。实行服务质量差别定价，一方面可促使经营管理者更好地改善经营管理，增加服务项目，提高服务质量，更有利于满足客人的需要；另一方面，可以使客人不同的消费需求获得相应的满足，实现个性化的追求。

实行这种差异化定价，必须具备以下条件。

① 市场必须是可以细分的，而且各个细分市场表现出不同的需求程度。

② 各个市场之间必须是相互分离的。各个细分市场的分割使以较低价格购买商品的宾客不会以较高价格倒售给他人。否则，购买者就会轻易地到价格最低的市场上购买商品，到价格较高的市场去出售而获利，从而使企业维持差别价格的计划失败。

③ 在高价的细分市场中，竞争者不可能以低于企业的价格竞销。即企业在某种程度上拥有一定的垄断权力，因而它可以控制价格。

④ 差别价格不会引起宾客的厌恶和不满。

⑤ 差别价格策略的实施不应是非法的。企业在实施此策略时应考虑是否侵犯了消费者权益，是否属于不正当竞争。

案例赏析

某五星级饭店销售部王小姐与A公司签订了给予其公司人员入住本饭店优惠价格的合同——双标房200元/每间·天。同时，也与B公司签订了此合同——双标房250元/每间·天。由于客户的不同，销售部对价格政策是绝对保密的。但事情也凑巧，A和B两家公司同一天在该饭店召开会议，而A公司的负责人和B公司的负责人又是同学，于是不同的双标房价格在两位老同学的闲聊中透露了出来。B公司的负责人在第二天理直气壮地找到了王小姐，“为什么A公司的合同价要比我们低”的提问使得王小姐很尴尬。

4）弹性定价策略

弹性定价策略是指饭店在确定房价后，在保持相对稳定的同时，也会根据一定的环境和因素变化，对房价作出及时的调整，以保证客房的出租率，使饭店处于有利的竞争地位，实现饭店客房的长远定价目标。

应指出的是，产品定价是一个动态过程，应根据不同情况采取不同的定价策略，或将若干策略综合应用，以实现饭店客房的经营目标。

6.1.6 客房价格的控制和调整

一家酒店确定客房价格的高低并不在于计算每间客房的每天的平均价格，而是应根据实际情况，结合各种客房价格政策将平均客房价格变为实际出租价格。在实施过程中认真贯彻，使其具有连续性、科学性和相对稳定性，并随时间、人数和条件的变化而及时进行调整，灵活掌握。

1. 客房价格的控制

饭店各类房价通常是由饭店制定，前厅和营销部来执行，因此，无论是对制定者还是执行者，都涉及房价控制的问题。

1）严格履行各种手续

无论是前厅总台接待员、领班、主管、部门经理，还是营销部各类人员，对于饭店制定的各类房价及相关政策，都要不折不扣地贯彻执行，严格按规定办事。

（1）明确各类免费房的报批、审批制度。

（2）明确各类折扣房价审批权限。

（3）明确哪些部门或人员负责对外签订房价合同。

（4）明确前厅预订员、总台接待员对于标准价下浮比例数及决定权，以吸引更多上门散客。

（5）明确各类优惠价的对象、优惠程度和优惠项目等。

案例赏析

晚上10：00左右，某饭店前厅接待处有一位客人正在大声地和服务员小陈争论，而小陈在努力解释着。经了解，原来客人自称是总经理的朋友，要求小陈给他一间特价房，而小陈却说没有接到过总经理的任何通知，只能给予常客优惠价。对此，客人很不满意，大声地吵起来，说一定要到总经理处投诉她。

[评析]：鉴于上述情况，饭店应该有一个健全的管理体制，包括饭店的价格政策，不能有太大的灵活性。如果灵活性太大，势必对价格管理造成混乱，最终必定走向失败。所以总经理必须带头做好并且抓好此项工作，当然特殊情况也应特殊处理。

2）确定饭店折扣价及免费房范围

通常，饭店对折扣价及免费房范围都有一定的规定，尤其是对免费房有严格的限制。以下情况可考虑提供免费房。

（1）对饭店业务发展有极大帮助，或有可能给饭店带来一定客源的有关人员或公司等。

（2）经常入住本饭店的常客、长住客。

（3）签有协议的有关公司或单位。

（4）社会上知名度甚高的有关人士、集团公司的总裁及VIP等。

（5）与本饭店关系较密切的同行、同系统的机构负责人或有关人员。

3）团队和季节折扣价的执行

折扣策略是酒店为实现定价目标而采取的一种经验手段，是酒店在客房门市价的基础上，给予购买者一定比例的折扣或优惠。以下情况可考虑给予折扣或优惠。

（1）购买酒店客房数量较多的客人。

（2）长期租用酒店客房，与酒店建立商业关系的公司或业务单位。

（3）旅游团队或其他相关机构团体。

（4）旅游淡季、非节假日来店住宿的客人。

案例赏析

地处上海市中华第一街的某大酒店，是著名的锦江集团下属的一家老酒店，有七十多年的历史，已名扬海内外。

某日，一位香港常客来到酒店总台要求住房。接待员小郑见是常客，便给他打9折，客人还是不满意，他要求酒店再给些折扣。这时正是旅游旺季，酒店的客房出租率较高，小郑不愿意在黄金季节轻易给客人更多优惠，香港客人便提出要见经理。其实，酒店授权给总台接待员的售房折扣不止9折，小郑原可以把房价再下浮一点，但他没有马上答应客人。一则他不希望客人认为：酒店客房出租情况不妙，客人可以随便还价。二则他不希望给客人留下接待员原可以再多打一些折扣，但他不愿给，只是客人一再坚持后他才无可奈何地退让，这会使客人认为酒店员工做生意不老实的印象。三则他希望通过酒店再次优惠让客人感到前厅经理对他的尊重。小郑脑中闪过这些想法后，同意到后台找经理请示。他请香港客人先在沙发上休息片刻。数分钟后，小郑满面春风地回到总台，对客人说："我向经理汇报了您的要求。他听说您是我店常客，尽管我们这几天出租率很高，但还是同意再给您5美元的优惠，并要我致意，感谢您多次光临我店。"小郑稍作停顿后又说，"这是我们经理给常客的特殊价格，不知您觉得如何?"

[评析]：客人计算一下，5美元相当于半折，这样他实际得到的优惠折扣便是8.5折，这对于位于繁华路段，又处于旅游旺季的三星级酒店来说，已经是很关照了。客人连连点头，很快便递上回乡证办理入住手续了。

2. 客房价格的调整

酒店客房价格制定以后，在实际运行过程中应保持相对稳定。但是，客房价格并不是一成不变的，由于情况复杂，酒店需要及时调整客房价格，以使客房价格更适应客观现实。客房价格的调整有两种情况：一是调低客房价格，二是调高客房价格。

1）调低客房价格

调低客房价格是酒店在经营过程中，为了适应市场环境或酒店内部条件的变化，而降低原有的客房价格。酒店降低客房价格的主要原因如下。

（1）酒店市场供大于求。在这种情况下，应通过加强促销活动，改进服务产品质量等途径来稳定客房的销售。如果成效不大，就只好考虑调低客房价格。

（2）在激烈的竞争中，酒店的市场份额日趋减少。尤其是在竞争对手调低价格时，为了保持和提高本酒店的市场占有率，有时也要采取降价的方法，使客房价格与竞争对手的价格处于同一水平线上，从而提高竞争能力。

（3）采用率先定价策略的酒店，希望通过降低客房价格，增加客房销售量或降低成本。这些酒店希望通过低价销售，增加市场份额，以利于在市场确定牢固的地位。

但调低价格前有些因素必须考虑：一是价格调低出租率可能会提高，但酒店营业收入不一定能增加或总销售量可能根本不会增加；二是可能会引起酒店之间的价格战，如果其他酒店把价格调得更低应采取何种措施；三是成本和费用可能会增大；四是降低之后，就不易恢复原来的价格。因此，如果要选用调低价格政策的话，必须进行全面分析，慎重决断。

2）调高客房价格

一般来讲，调高客房价格往往会引起客人的不满，但是，如果处理得好，就会极大地增加酒店的利润，对酒店而言是有利的。酒店调高客房价格时，要考虑的主要原因如下。

（1）客房供不应求。当客房需求量大于现有客房数量时，可以通过提高客房价格来限制需求量，实现供求平衡。

（2）市场物价上涨。由于物价上涨，酒店的成本费用不断增加。这时酒店必须调高客房价格，并使调价幅度不低于市场物价上涨幅度，以保持或增加酒店的利润水平。

（3）酒店服务质量或档次有明显提高。服务质量、服务档次与价格有直接的联系。所以，如果其他因素不变，酒店的服务或服务档次提高，就可以考虑适当提高客房价格。

无论是提价还是降价，都会对客房销售造成一定的影响，引起客人和竞争者的各种反应。因此，酒店应充分考虑各种可能，做好准备工作，使客房价格的调整真正能够达到预期目标。

6.2 收益管理

收益管理是一种现代科学管理方法，它综合运用了微观经济、企业管理、数理统计及数学优化等知识，在准确地预测未来宾客需求和产品供给趋势的情况下，以持续增长饭店经济收益为目标，合理制定最佳产品价格，并动态地调控产品以满足宾客的需求。简单地说，收益管理是一种指导饭店如何在合适的时间以合适的价格，把合适的产品售给合适的宾客的科学管理方法。

6.2.1 收益管理内涵及衡量指标

1. 收益管理内涵

收益管理常被饭店用来衡量饭店的销售目标是否实现，检测、评估客房销售是否达到客房收入最大化目标。饭店实行收益管理是为了争取最大的客房出租率和最佳的房价销售。

为了达到最佳的客房营业收入目标，前厅通常有两个途径：①提高客房价格；②提高客房出租率。收益管理则是通过对这两个指标的管理，使两个指标实现最佳的组合而实现客房营业收入的最大化的目标。

案例赏析

A 饭店是一家客房逾千间，综合设施齐全的集商务、会议及康乐等设施于一体的大型豪华饭店。饭店宾客档次较高，平均停留时间也在 4 天左右。饭店的出租率一直比较稳定，通常都在 75%以上。而后，饭店管理阶层也发现尽管客房的出租率不低，但饭店的销售额并不高。在收入中，客房占了 80%以上，剩下的主要为餐饮收入，而在餐饮收入中，住店宾客的消费并不高，大多为外部宾客消费。为此，饭店总经理进行了较为全面的调查，他来到前台观察员工办理入住登记手续，发现当宾客提出打折时，员工总是欣然允诺。此外，前台员工也很少主动向宾客介绍饭店其他服务设施。他询问员工为什么不向宾客介绍，员工回答："一怕耽误办理登记手续时间，违反饭店在 3 分钟之内办完登记的规定；二怕过多的推荐，引起宾客的反感；三是推荐与不推荐并没什么两样，何必去冒那么多风险。"

思考： A 饭店是否较好地实行了收益管理？

2. 收益管理衡量指标

收益管理中，衡量前厅客房销售水平的指标有三个：收益、最佳房价及最佳客房出租率。

1）收益

收益是实际收入占潜在收入的百分比。对客房收益而言，实际收入是实际出售客房数与出售价格的乘积；潜在收入是客房数与牌价收入的乘积。其公式为

$$\text{收益}=\frac{\text{实际收入}}{\text{潜在收入}}$$

$$\text{客房收益}=\frac{\text{实际出售客房数}\times\text{实际售出价格}}{\text{可供出租客房数}\times\text{客房牌价}}$$

客房收益是衡量前厅客房销售水平的重要指标，并常用于与同行比较的一个重要因子。

例如，甲、乙两家饭店的收益情况（表 6-1）。

表6-1 甲、乙两家饭店收益情况

饭店	可供出租房数/间	客房牌价/元	售出房数/间	平均出售价格/元	潜在收入/元	实际收入/元	客房出租率/%	收益/%
甲	200	380	180	280	76 000	50 400	90	66.3
乙	250	360	215	300	90 000	64 500	86	70.1

由表6-1甲、乙两家饭店收益情况的比较可以看出，尽管甲饭店的客房出租率比乙饭店高，但其收益并没有比乙饭店高，因为乙饭店的客房平均出售价格比甲高。收益管理说明，并不是出租率越高，房价越高，其营业收入就越高，它还涉及客房平均出售价格指标，因此收益指标更能反映前厅接待人员的销售水平。

2）最佳房价

最佳房价即最大可能接近最高房价（牌价）的房价，最佳房价是一个动态的指标。前厅应根据饭店经营的不同时期，以及所处的外部竞争环境确定不同时期的最佳房价，如日常最佳房价、旺季最佳房价及淡季最佳房价等。

3）最佳客房出租率

最佳客房出租率即以最高房价取得100%的客房出租率。饭店通过分析以往客房预订的历史资料及当前宾客预订情况，并结合饭店的实际接待能力确定当日的最佳客房出租率。前厅同样应根据饭店经营的不同时期，以及所处的外部竞争环境确定不同时期的最佳客房出租率，如日常最佳客房出租率、旺季最佳客房出租率及淡季最佳客房出租率等。

6.2.2 收益管理系统

收益管理系统是根据收益管理原理，设计开发的一种计算机辅助决策管理系统。收益管理系统具有两大功能：需求预测与优化调控。

1. 需求预测功能

需求预测功能是准确地预测未来宾客需求及客源供给的情况，使得管理者对今后的市场变化有较为清晰的认识。需求预测功能通过分析饭店以往客房预订的历史资料及当前宾客预订情况，正确估计出未来每天的宾客需求和饭店的空房供给，包括每日不同时段预订宾客的数量、宾客类型、所需房间类型、停留时间，以及饭店每日各个时段的空房保证数量等。鉴于宾客需求的季节性和时段性，收益管理系统需要进行长期预测、中期预测和短期预测。长期预测的时间通常为三个月至九个月、中期预测为七天至三个月、短期预测为当天多个时段至以后的七天。

2. 优化调控功能

优化调控功能是制定最佳房价并推荐最佳空房分配的方案，以供管理者决策参考。最佳房价与最佳空房分配方案的制订，是在以持续增长的饭店总收益为目标，并依据宾客需求、客房供给的预测及考虑其竞争对手的情况下，通过建立和分析复杂的数学模型而获得的。其中最佳房价包括每天各个时段不同房间的价格，最佳空房分配方案则是动态地调控每日不同时段各种空房供给的配额。

在饭店业，由于收益管理系统对企业决策和创利的巨大影响，世界许多著名饭店集团，特别是欧美的主要饭店集团管理层都对收益管理高度重视，先后建立了专门的收益管理部门，并配置了能进行大量数据分析和实时优化处理的计算机系统。这些系统与饭店的前台系统、预售系统及数据库相连，为饭店管理提供了多功能、快速的决策辅助，使得饭店从被动式的管理变为主动式控制，从而在市场竞争中获得先机。收益管理必须有全饭店上下的共同参与和努力才能获得成功。由于收益管理是计算机智能和人的经验高度结合的产物，因此一个成功的收益管理是包括系统功能、员工素质及规章制度等因素的综合结果。随着使用者对系统功能的日益深入和了解，管理者和管理系统能够充分互动，相辅相成，把机器的客观精确性和人对突发事件的灵活反应有机地结合起来，进一步扩大收益。根据美国一些常年进行收益管理的饭店的统计，价格和收益管理现已成为最大的利润增长手段。

饭店收益管理是数字化科学管理在饭店业的具体体现。一个有效的收益管理系统不仅能对一个饭店的资源进行最佳管理，同时还是提高饭店管理人员现代管理意识的有效工具。许多实际的应用已证明了这一方法的可行性和有效性，特别是面对日益激烈的竞争环境和越来越复杂的产品组合，收益管理在许多情况下已成为一种不可或缺甚至是唯一的决策工具。

本章小结

● 饭店客房价格是由客房商品的成本和利润构成的。客房价格具有价值补偿的局限性、价值的不可储存性、价格的差别性及价格的模糊性的特点。

● 饭店客房产品的市场交易价格，可分为四种基本类型：标准房价、特别房价、追加房价及其他房价。饭店计价方式也有所区别，通常按照对客人的房费报价中是否包括餐费，以及包含哪几餐的费用而划分成不同的计价方式：欧式计价、美式计价、欧陆式计价、修正美式计价及百慕大式计价。

● 影响客房定价的可控因素有成本、非营利性服务支出、非营利性部门费用的分摊、优惠房价造成的收益损失、饭店服务质量和饭店的星级档次。影响客房定价的不可控因素有饭店的地理位置、竞争因素、有关部门和组织的价格政策及国际国内形势。

● 客房定价的方法有千分之一定价法、赫伯特公式法、客房面积定价法、随行就市定价法及盈亏平衡定价法。客房的定价策略有周期定价策略、品牌定价策略、差异化定价策略及弹性定价策略。

● 客房价格的控制要严格履行各种手续；确定饭店折扣价及免费房范围；严格执行符合情况的团队和季节折扣价。客房价格的调整有两种情况：一是调低客房价格，二是调高客房价格。

● 收益管理是一种现代科学管理方法，它综合运用了微观经济、企业管理、数理统计和数学优化等知识，在准确地预测未来宾客需求和产品供给趋势的情况下，以持续增长饭店经济收益为目标，合理制定最佳产品价格，并动态地调控产品以满足宾客的需求。收益管理中，衡量前厅客房销售水平的指标有三个：收益、最佳房价、最佳客房出租率。

思 考 题

一、单选题

1. 下列不属于追加房价的是（　　）。

A. 白天租用价　　B. 深夜房费　　C. 门市价　　D. 加床费

2. 下列属于特别房价类型的有（　　）。

A. 公布房价　　B. 追加房价　　C. 白天租用价　　D. 优惠房价

3. 下列属于客房的计价方式的是（　　）。

A. 英式计价　　B. 美式计价　　C. 俄式计价　　D. 大陆式计价

4. 只包括客房的住宿费用，不包括其他服务费用的计价方式是（　　）。

A. 欧式计价　　B. 美式计价　　C. 欧陆式计价

D. 百慕大计价　　E. 修正美式计价

二、判断题

1. 欧式计价只含房租，不包括餐饮费用。（　　）

2. 加床费指饭店对需要在房内临时加床的客人所收取的额外费用。（　　）

3. 房价合理与否不会影响客人的满意程度和饭店的经济效益。（　　）

4. 影响客房定价的可控因素有饭店的地理位置、竞争因素、有关部门和组织的价格政策及国际国内形势。（　　）

5. 许多饭店规定客人在中午 12 时以后、18 时以前退房，加收半天房费。18 时后退房，加收一天房费。（　　）

三、简答题

1. 客房价格的种类和计价方式有哪些？

2. 影响客房定价的因素有哪些？

3. 客房价格制定的方法有哪些？怎样计算？
4. 什么是千分之一定价法？
5. 如何进行客房价格的控制和调整？
6. 什么是收益管理？

四、案例分析

国庆房价的争端

与酒店有订房协议的某公司王先生于9月25日入住某酒店，房价为协议价388元/间·天。因生意上的谈判不是很顺利，王先生在酒店多住了几天。10月8日，王先生到前台结账，当收银员将王先生的账单打印好送到王先生手中后，王先生脸上的笑容立即转为不悦的表情，他指着账单上10月1日—3日的房价问收银员："为什么这三天的房价是588元？"收银员解释说这三天系法定假日，酒店有特殊的房价政策，与平时是两样的。王先生本来对酒店服务是相当满意的，自从1月与酒店签订了协议后，他每个月至少有10天在酒店消费。他对收银员说："我在你们酒店住了这么长时间，也算是老客户了，你们还要在节假日按普通散客门市价给我房？真是岂有此理。如果你们一定要按此价执行，我大不了以后不再住你们酒店。"收银员见状不知该如何解释，只好把大堂副理找来。

[案例思考题]

1. 大堂副理该如何妥善处理？
2. 该案例对于酒店旅游旺季的调价问题有何启示？

五、实训题

请搜集当地的高档、中档、低档三家饭店的房价资料，进行对比分析，了解不同等级饭店在不同季节门市价的差别情况。

7

前厅销售管理

内容概要

1. 前厅销售知识
- 前厅销售特点；
- 前厅销售内容；
- 前厅销售要求。

2. 客房销售程序及技巧
- 客房销售程序；
- 客房销售技巧。

3. 前厅经营统计分析
- 前厅经营统计报表；
- 前厅经营主要指标分析。

学习目标

（1）了解前厅销售的基础知识。
（2）熟悉客房销售的程序。
（3）掌握客房销售的技巧。
（4）掌握前厅经营统计分析的主要指标和计算分析方法。

案例赏析

一天，南京某四星级饭店前厅预订员小夏接到一位美国客人霍曼从上海打来的长途电话，想预订每天收费180美元左右的标准双人客房两间，住店时间为6天，3天以后来饭店住。

小夏马上翻阅预订记录，回答客人说："3天以后饭店要接待一个大型会议的几百名代表，标准间已全部预订完。"小夏讲到这里用商量的口吻继续说道："霍曼先生，您是否可以推迟3天来店?"霍曼先生回答说："我们日程已安排好，南京是我们在中国的最后一个日程安排，还是请你给想想办法吧。"

小夏想了想，说："霍曼先生，感谢您对我的信任，我很乐意为您效劳，我想，您可否先住3天我们饭店的豪华套房，套房是外景房，在房间可眺望紫金山的优美景色，紫金山是南京名胜古迹集中之地。室内有我们中国传统雕刻的红木家具和古玩瓷器摆饰；套房每天收费也不过280美元，我想您和您的朋友住了一定会满意。"

小夏讲到这里，等待霍曼先生回答，对方似乎犹豫不决，小夏又说："霍曼先生，我想您不会单纯计较房价的高低，而是在考虑豪华套房是否物有所值吧。请告诉我，您和您的朋友乘哪次航班来南京，我们将派车来机场接你们，到店后，我一定先陪你们参观套房，到时您再做决定好吗?我们还可以免费为您提供美式早餐，我们的服务也是上乘的。"霍曼先生听小夏这样讲，倒觉得还不错，想了想欣然同意先预订3天豪华套房。

7.1 前厅销售知识

前厅在饭店运行中起着推销、沟通及协调等重要作用，是饭店的"神经中枢"，它一直是现代饭店不可或缺的重要部门。这不仅因为前厅是饭店的"门面"、对客服务的协调中心，更重要的是前厅还担负着销售客房及饭店其他服务与设施的重要职责。

7.1.1 前厅销售特点

1. 综合性

随着时代的发展、社会的进步，人们对酒店服务的需求也日趋复杂和细致。这就要求酒店服务的生产者能提供“适销对路”的产品，以达到物质性产品和精神性产品的完美结合。前厅销售与饭店各部门的员工密切相关，只要有一名员工的服务使宾客不满意，就会造成“100-1=0”的效果。

2. 无形性

与有形产品不同，服务在购买之前是看不见、摸不着、听不见、闻不到的。饭店的前厅销售员在销售客房时，是无法将客房随身带着的。实际上，他们并非售一间客房，而是售特定时间里使用客房的权利。当客人离店时，他们除了能出示一张收据之外别无他物。

3. 易衰败性

服务是不能被储存起来的。如果服务是为了使收益最大化，那么就必须对生产能力和需求进行管理。一个有100间客房的饭店，如果在某一天晚上只销售出60间，是不可能把没有销售出去的40间客房储存起来留待次日销售的，因这没有销售出去的40间客房所造成的损失永远无法弥补。

知识链接

地中海俱乐部

地中海俱乐部在全世界经营着数以百计的地中海度假饭店。如果该公司不能将其客房和航空旅行产品组合销售出去，就意味着要发生损失，因为它们的产品是不能储存的。地中海俱乐部使用电子邮件向储存在其数据库中的34 000名顾客传递有关那些没有售出的、打折的组合产品的信息。这些人在每周的周末之前就接到通知，知道在哪天有房间、有航班可以使用。折扣通常是牌价的30%~40%。一般来说，回应率可能达到1.2%，这样，地中海俱乐部每个月通过电子邮件销售那些空余的资产所获得的收益大约在25 000~40 000美元。

7.1.2　前厅销售内容

1. 饭店的地理位置

饭店所处的地理位置是前厅销售的重要内容之一。被誉为“饭店之父”的埃尔斯沃斯·密尔顿·斯塔特勒（Ellsworth Milton Statler）认为饭店经营成功的关键是位置、位置和位置，可见饭店所处的地理位置对饭店的经营至关重要。前厅接待员可以充分利用饭店所具有的地理位置优势进行积极推销。例如，对于商务宾客，前厅员工可以强调饭店与城市中心、商务中心距离上接近，距离机场、车站不远；而对于观光度假型宾客，则可以突出饭店所处的环境舒适、安静，靠近风景优美的旅游区等地理环境优势（图 7.1）。

图 7.1　度假酒店

知识链接

三亚希尔顿酒店

三亚希尔顿酒店位于海南岛最南端的三亚亚龙湾国家旅游度假区。这里是原始的热带天堂，洁白闪亮的沙滩自南海边绵延 400 米。酒店距离三亚市区和国际机场仅 30 分钟车程。香港至三亚的航班只需 1 小时，而上海至三亚的航班不超过 3 个小时。酒店设有客房、套房及别墅共计 492 间。酒店客房面积均达 48.5 平方米及以上，其中 80%以上的客房可观海景。

2. 饭店的设施及有形产品

饭店独特的建筑格局、齐全的设施设备、宽敞的客房、高档次的娱乐健身设施及过硬的有形产品，是前厅接待员销售饭店产品、推销客房的重要内容之一。不同的规模、等级、类型的饭店对硬件设施等有形产品具有严格的量化指标，由于它的直观性、立体性，因此也是宾客选择饭店的考虑因素之一。前厅人员在向宾客推销设施及有形产品时，应突出其优势与特点。例如，高档的客房装修（图 7.2）、典雅的餐厅布置，以及配套齐全的各种商业设施、娱乐设施、现代化的会议设施、可口的菜肴等，突出饭店产品的设施设备功能优势，达到销售的目的。

图 7.2　高档客房

3. 饭店的服务产品

饭店的服务产品主要包括服务人员的素质、服务态度、服务规范、服务标准与服务质量等。服务产品成为影响宾客购买饭店产品的重要因素。服务，其本身即为"SERVICE"，需要具备：S——smile（微笑），E——efficiency（效率），R——receptiveness（诚恳），V——vitality（活力），I——interest（兴趣），C——courtesy（礼貌），E——equality（平等）。作为与客人接触面最广的前厅服务员，更应努力提高自身的服务意识和服务技能，给客人留下美好的印象，用自己的服务来满足宾客，让宾客体会到饭店具有提供高水准、高规格服务的能力，坚定宾客购买饭店产品的信心。

4. 饭店的形象与口碑

饭店的形象与口碑主要包括饭店的历史、社会知名度、信誉、独特的经营作风、企业文化、优质的高水平服务及豪华气派的装修等内容。它是现代饭店无形的财富和资源，是饭店在经营管理的活动中不断积累、塑造而形成的。良好的形象与口碑，是饭店进行差异化竞争的重要元素，体现了饭店在宾客心目中的印象及地位，对于增强宾客对饭店的信任度与吸引力具有重要意义，许多宾客就是因饭店的品牌、形象与口碑而来入住的，因此也是饭店销售的重要组成部分。前厅员工不仅应灵活运用这一无形资源，还应通过自己的服务来自觉维护与提升饭店的形象与口碑。

知识链接

酒店的主题化形象

基于饭店产品的不可储存性、生产和销售的同步性，饭店形象的树立显得尤为重要。鲜明的形象有助于提高企业的市场知名度，增强对目标顾客的吸引力。

纵观国外一些著名饭店集团，都拥有明确的目标市场和鲜明的经营管理特色。例如，Shangri-La Hotels & Resorts（香格里拉国际饭店管理集团）以殷勤好客著称，Ritz-Carlton（里兹—卡尔顿）以全面质量管理闻名世界等。酒店形象定位主题化指的是酒店以富有创意的主题作为切入点营造总体形象，围绕该主题化定位确定相应的功能定位与产品定位。目前酒店行业运用较多的有模拟城市氛围的主题形象，模拟神话、传说的主题形象，模拟历史遗迹、自然风光的主题形象等。美国人则把酒店的主题化形象归纳为浪漫、野性、原始、前卫、经典回眸等几大类。主题化的形象定位在我国已经日渐发展并吸引了大量的关注，一时间形成热闹的“眼球经济”。例如，在总投资35亿元的世界休闲博览园内，将建造中国第一座主题酒店——梦幻城堡，就是典型的以神话传说作为酒店的主题化形象的例子。一旦选择了酒店的形象主题，酒店的相应功能与产品也将会有对应性地设计与定位。主题定位在差异化经营的今天为饭店形象的塑造提供了极具价值的参考。

5. 饭店的环境氛围

饭店的环境氛围包括可视的环境氛围与可感知的服务环境氛围，二者是相辅相成的。饭店的环境氛围对饭店宾客至关重要，优美高雅的氛围（图7.3）容易使宾客愿意停留。饭店应努力营造独具文化个性与特色的环境氛围，并根据不同的宾客来销售。例如，对于外宾，可以重点介绍饭店古色古香、独具中国民族建筑风格的饭店建筑、装饰及布置所营造出的中国文化氛围；而对于国内宾客，则突出环境氛围的豪华气派与现代气息。同时作为饭店服务环境氛围塑造的重要核心区，前厅接待人员应通过端庄的仪容仪表，热情、主动的服务态度，以及高超的服务技巧来提升饭店的服务气氛，让宾客感受到饭店有能力为宾客提供高效、优质的服务，从而达到销售饭店产品的目的。

图7.3 优美的饭店环境

7.1.3 前厅销售要求

1. 熟悉自己酒店的基本情况和特点

酒店的基本情况包括酒店所处的地理环境及交通情况，酒店建筑、装饰、布置的风格和特点，酒店的等级与类型，酒店服务设施与服务项目，酒店产品的价格与相关的政策和规定等。了解和掌握上述信息，是做好客房销售工作的先决条件，尤其是对酒店主要产品之一的客房，须做全面的了解，如各类客房的面积、色调、朝向、功能、所处的楼层、价格及计价方式、特点和设施设备等。接待员只有对以上内容了如指掌，推销起来才能得心应手，才能随时答复客人可能提出的任何问题和疑问，从而有助于推销的成功。

知识链接

北京盘古七星酒店

北京盘古七星酒店坐落于北京城的中轴线上，毗邻奥林匹克公园，与奥运场馆鸟巢、水立方仅一步之遥，距离首都国际机场仅20分钟车程。酒店总共设有234间奢华、现代的客房。其中，包含140间套房，采用欧洲设计理念配以中式艺术装饰，体现酒店超凡气魄。奢华典雅的客房面积为45~488平方米，世界顶级的设计大师为宾客营造精彩绝伦的舒适空间。

2. 了解竞争对手酒店的产品情况

接待人员在深入了解和掌握本酒店产品情况的基础上，更要熟悉竞争对手的有关部门情况，做到“知己知彼”。因为客人面对的是一大批与本酒店档次、价格及服务相类似的企业。要想在销售中取胜，就要找出自己酒店的特色和优势，并着重加以宣传，这样更容易引起客人的兴趣和注意。

3. 认真观察分析客人心理，迎合客人需求

酒店的每一种产品都有多种附加利益存在。对于一个靠近电梯口的房间，有的客人会认为不安静，而有的客人则认为进出很方便。所以酒店负责推销的员工，必须要深入了解客人最需要的是什么，最关心的是什么，最感兴趣的是什么。把握好客人的购买动机，帮助客人解决问题，满足其物质和心理需要。这样，在客人受益的同时，酒店也会得到相应的回报。

4. 表现出良好的职业素养

前厅是客人留下第一印象的地方，是酒店的门面。客人初次到一个酒店，对其可能不甚了解，其对酒店产品质量的判断是从前厅员工的仪容仪表和言谈举止开始的。因此，前厅员工必须随时面带微笑，以热忱的态度、礼貌的语言、优雅的举止及快捷规范的服务接待好每一位客人。这是前厅工作人员成功销售的前提。

5. 使用创造性的语言

前厅员工在推销客房、接待客人时，必须注意语言艺术，善于使用创造性的语言，努力使自己的报价言之有据，让客人感到该产品的确物有所值，甚至物超所值。

7.2 客房销售程序及技巧

客房是酒店经营的主要商品，由于前厅工作是对客服务的中心，它的业务工作贯穿于宾客同酒店接触及交易往来的全过程，所以客房销售应是前厅工作的重要任务之一。但销售并非只是简单地“以合理的价格将某个东西转让出去”，而应积极参与调整酒店产品的结构，创造需求，尽最大努力销售酒店高档次的客房，提高平均客房价格，以实现酒店的经营目标。作为前厅服务人员必须充分利用自身的有利条件，掌握推销技巧，适时成功地推销酒店客房及其他商品。

7.2.1 客房销售程序

所谓客房销售就是酒店前厅员工直接与消费者或潜在消费者接触、洽谈、宣传介绍酒店客房和相关服务产品，以达到促进销售目的的活动过程。客房销售主要包括五个程序段：把握特点、介绍客房、洽谈价格、展示客房、促成购买。在此过程中，实现产品由前厅员工向消费者的转移，达到既做成交易、销售产品，又能满足消费者需求，帮助他们解决问题的双重目的。

1. 把握特点

认真观察，了解宾客的消费需求特点与消费心理。根据宾客的年龄、职业、国籍、身份、地位、民族、宗教信仰、生活习惯、旅行目的、身体状况及兴趣爱好等方面的情况，判断宾客的选房倾向、支付能力、消费习惯及心理承受能力，从而不失时机地、有针对性地介绍推销饭店客房产品及其他产品。

2. 介绍客房

前厅服务员应根据客人的不同特点介绍饭店客房，应注意察言观色，生动描述房间的特色，能够给予客人的便利条件，以及各种附加的心理方面的满足，以减弱客房价格的分量。例如，套房强调有气派，便于社交会客和商务接待；朝向花园的客房强调其清静，给人以惬意感受；邻近电梯走道的客房则说明其进出方便等。当然，要准确地描述、介绍客房，必须首先把握客房的特点，这也是对前厅服务员最基本的要求之一。要想胜任就应注重平时的业务培训，如带前厅服务员参观不同种类的客房，身临其境，并由专人讲解客房特点，以加深印象。

3. 洽谈价格

宾客通常对价格是很敏感的。饭店所制定的房价是否合理，往往是决定交易双方能否成交的关键因素。作为一名前台服务人员无法擅自改变饭店的客房价格，但可以通过一定的销售技巧，转移宾客对价格的注意力，刺激并诱导宾客购买。在洽谈价格的过程中，前厅员工可以从介绍饭店产品的优点，以及给宾客带来的方便角度让宾客认识到饭店产品的价值。在与宾客的交流过程中，考虑是否向宾客提供一个价格选择范围，并采取合适的报价方法，让宾客更加容易接受饭店所报出的价格。在洽谈价格过程中应尽量解答宾客希望了解的关键问题，还应特别强调对宾客的好处，如“这个房间远离电梯，非常安静”、“孩子与您同住一套连通房，您可不必为他担心”等。注意不进行硬性推销，不急于报价、定价，要给宾客一个思考与缓冲的时间。

4. 展示客房

前厅必须备有介绍饭店客房、餐饮、娱乐等产品的宣传册及广告宣传资料、图片等，供宾客浏览、比较和选择，以促进销售。在宾客还无法决定时，前厅接待员可以将饭店的有关产品的宣传手册展示给宾客，对于一些要求参观饭店房间的宾客，前厅服务员应主动带领宾客参观，增强宾客对客房价值的认知与理解。在客房展示时，可以从高档类型逐步向低档类型展示，并就房间的独特之处向宾客进行重点介绍，以热情、礼貌的服务态度及恰当的促销语言诱导宾客消费。

5. 促成购买

经过上述积极的销售过程，在察觉宾客对饭店产品有购买欲望时，前厅员工应倍加努力，促成购买交易的完成。交易达成之后，前厅服务员应对宾客的选择表示衷心的感谢，并尽量缩短宾客等候时间或办理手续时间，让宾客体会到前厅服务员高效快捷的服务水平，更加肯定自己所作出的购买决策。

7.2.2　客房销售技巧

销售技巧应根据不同对象、不同场合进行灵活运用，前厅接待员的销售技巧主要有匹配销售、整体性销售、“移情”销售、价值销售、选择式销售、坚持正面介绍的销售、价格分解销售、对犹豫不决的客人可多提建议的销售、合理的报价技巧销售及灵活的报价方式销售等几种。

1. 匹配销售

匹配销售是指根据宾客的特点与需求推出各项销售承诺，采取有针对性的销售方法来吸引宾客。

1）商务客的匹配销售

商务旅游者的特点是时间安排紧张，回头客比率较高，对饭店的商务设施、环境、服务效率与水平要求较高，同时对于价格相对比较不敏感。对于此类宾客应向其推销环境好、商务设施齐全、便于会客及价格相对较高的商务客房。

2）度假客的匹配销售

度假型旅游者的特点是对环境的要求较高，回头客比率也较高。对于饭店的度假设施有严格的要求，因此对于这类宾客在推销时，应将宽敞、景色怡人的房间介绍给他们，同时突出饭店配套的度假设施。

3）其他不同住店目的宾客的匹配销售

对于新婚蜜月或全家住店的宾客，一般安排在楼层边角有大床的房间（图7.4）、连通房或套房，使宾客满足安静的需要及合住一套房的需要；对于一些知名人士、社会名流则应建议其选择高级豪华套房；对于行动不便的老年人、伤残人员，可安排在饭店专门为他们设立的专门的楼层，如果没有，则尽量安排在低楼层、靠近电梯或楼梯或离楼层服务台比较近的房间。

图7.4 蜜月房

匹配销售应具有协调性。根据宾客的风俗习惯、宗教信仰、生活习惯等安排客房，保证楼层住客的相对协调性。例如，会议宾客、团队宾客与商务宾客的严格区分；欧美国家与国内宾客的适当分离等，以避免不必要的冲突及宾客之间的行为反差过大。同时还应注意房号、楼层、室内摆设与宗教禁忌的关系。

2. 整体性销售

整体性销售是指前厅人员不应只注重饭店基本产品——客房的推销，还应注意到饭店其他产品，如餐饮、娱乐、商务、会议等设施和服务，从而使宾客感到饭店产品的综合性与完整性，并保证设施设备的有效利用，特别是饭店所拥有的特别、优势服务项目，如饭店高度个性化的商务服务项目、新推出的娱乐服务，以及特色餐厅服务项目等更应该加强整体性的销售。整体性销售能够增强饭店创造综合经济效益的能力，同时也是体现饭店等级的重要标志。整体性销售应注重销售对象、销售场合及销售时机。

知识链接

针对不同宾客的服务项目

对于一些商务宾客应向其推销饭店的一些商务服务项目，如贴身管家、商务秘书、商务吧和会议室等；对于深夜抵店的宾客，可以介绍 24 小时咖啡厅服务和房内用膳服务；对于清晨抵店的宾客则可向其介绍洗衣服务等。

3. “移情”销售

“移情”销售是指站在宾客的角度，考虑其经济水平、个人需求及兴趣爱好等因素而进行的“换位”思考，进行销售。根据宾客的服务需求、消费能力来进行产品销售，充分考虑宾客的利益，想宾客之所想，急宾客之所急，是一种“善解人意”的人性化的销售方式。

知识链接

“移情”销售的一些技巧

对于消费水平一般的宾客，最好不要向其介绍价格较高的商务套房，而应推荐一些中低档的客房，从而避免使宾客陷于尴尬境地。同时主动向宾客介绍饭店为住店宾客所提供的免费服务项目，以及所应当享受到的优惠折扣等。

4. 价值销售

价值销售是指在进行饭店产品销售时，突出饭店产品能够为宾客带来的价值，弱化饭店产品的价格特性，让宾客认识到其即将购买产品的使用价值，提升饭店产品在宾客心目中的地位。由于每一位客人对产品价值和品质的认识有异，在销售客房产品的过程中，应该强调的是客房的价值和给客人带来的益处和满足，而不是客房的价格。因此，在与客人进行销售和洽谈的时候，不能简单地说：“一间客房 300 元，您要不要?”而应根据客人的需求及客房的特点，在推销时加上适当的描述，对宾客进行启迪和引导，促成其转化为实际的购买行为。

知识链接

强调客房价值的意义

在与客人进行销售和洽谈的时候，应该说“一间宽敞的、刚刚装修过的客房”或“一间装修华丽、具有民族特色的客房”等。客人在了解客房的特点及其价格后，才有可能选择购买，客人需要的是自己喜欢的客房而不仅仅是价格。强调客房的价值使客人受益，增强了客人对产品价值的理解程度，从而提高了客人愿意支付的价格限度。

5. 选择式销售

选择式销售是指销售人员向宾客提供多种选择方案，让宾客根据需要选择所需产品的销售方式。该种销售方式特别适用于当销售人员无法对宾客的消费能力进行准确判断时使用。

知识链接

客房推销时的语言艺术

在客房推销方面，销售人员可一次性地向宾客介绍不同类型、不同价格的客房，如标准房、商务房、套房、连通房等，供宾客选择。这样做可以大大增加宾客购买饭店产品的概率。在询问宾客是否需要客房时，应问：“您是需要标间还是套房?”而不能问：“您要客房吗?”当宾客无法作出判断时，销售人员应对客房进行简单的介绍，并向宾客提供一些有价值的建议，帮助宾客做决定。

6. 坚持正面介绍的销售

无论什么样的酒店，每一间客房都有其不同的特点和优势之处。因此，前厅接待员在介绍不同的房间以供客人比较时，要着重介绍各类客房的特点、优势及给客人带来的方便和好处，指出它们的不同，但不要对各类客房的缺点进行比较，还应注意用词。必要时，接待员应善于将客房或客房所处环境的不利因素转化为给予宾客便利的因素。例如，应该说：“王先生，您真走运，我们恰好还有一间漂亮的单人房!”而不能说：“单人房就剩这一间了，您要不要?”

7. 价格分解销售

价格分解销售是指将饭店产品的价格分解成几个部分，以隐藏产品价格“昂贵性”的销售方式。通常，对价格比较敏感的客人，就可以采取价格分解法，来弱化高价对宾客购买决策的影响。例如，某类型客房的价格是580元，报价时可将100元免费餐费从房价中分解出来，告诉宾客实际房价是480元。

8. 对犹豫不决的客人可多提建议的销售

客人选择客房，出现犹豫不决的情况时，前厅员工应分析客人的心理活动，给予更多的关注与耐心，设法不断地消除其疑虑，多提建议，不要轻易放过任何一位可能住店的客人。相反，任何忽视、冷淡和不耐烦的表现都将导致前厅客房销售的失败。如果客人没有表明态度，接待员可以技巧性地运用语言和行为促使客人下决心进行购买，完成对客销售的“最后一击”。

1）第三者意见技巧

当买卖双方各自坚持自己的看法而相持不下的时候，第三者的意见可以起到一定的裁决作用。“第三者”可以是一位顾客、某一位旁观者或是另一位服务人员，也可以是某一件事、某一种现象或某一个统计数字等。但这“第三者”必须对他们有一定的影响，否则会适得其反。

2）替客人下决心技巧

替客人下决心技巧是指在销售过程中，客人尚未最后表态同意购买，但也没有表示不同意时，为了防止意外（即客人反悔），服务人员运用语言和行为促使客人下决心购买的一种方法。例如，递上入住登记表说：“这样吧，您先登记一下……”或“您先住下，如您感到不满意，明天我们再给您换房”等。

9. 合理的报价技巧销售

选择合理的报价技巧，是前厅服务人员在推销客房时必须掌握的销售技能。它利用心理诱导的方法，运用一定的报价顺序，使客人接受接待员的报价，达到推销客房的目的。高码讨价法和利益引诱法是两种有效的报价技巧，前厅服务人员可以在客房销售过程中加以灵活运用。

1）高码讨价法

高码讨价法是指在客房销售中，向客人推荐合适其地位的最高价格的客房。如果客人不接受，再推荐价格低一档次的客房，并介绍其优点。这样由高到低，逐层介绍，直到客人作出满意的选择。这种方法较适合于向未经预订、直接抵店的客人推销客房，从而最大限度地提高高价客房的销售量和酒店的整体利益。

2）利益引诱法

利益引诱法也称由低到高法，是对已预订到店的客人，采取给予一定附加利益的方法，告诉宾客只需要再增加很少的费用，就能增加许多附加服务的销售方式，使他们购买更高档次的客房。

案例赏析

一个前台服务员正帮助一位客人办理登记手续，这位客人事先预订的是一间低档次的客房。服务员说道，“若再加 10 元，可给您安排一张大号床”，或者“若再增加 20 元，您能住进可看到海滨风景的豪华间”，再或者“只要再加 35 元，您可以享受到我们的全价服务，包括两个人的早餐和晚餐”。

10. 灵活的报价方式销售

报客房价格时，不能只报价格而不介绍房间的特点。报客房价格与说明其价值的先后顺序，以及其适应哪种类型的房间也是值得注意的。

1）“冲击式”报价

“冲击式”报价是先报出房间价格，然后再说明房间所提供的服务设施和服务项目等。这种方式适合推销饭店价格比较低的经济型客房（图 7.5），突出产品“价廉物美”的特点，以低价吸引宾客。

图 7.5　经济型客房

2）“鱼尾式”报价

“鱼尾式”报价是先介绍所提供的服务设施和服务项目及客房的特点，最后再报出价格，突出产品质量，减弱价格对客人购买的影响。这种报价方式适合推销高档次客房（图 7.6），突出“物有所值”的特点，弱化产品价格对宾客的冲击。

3）“夹心式”报价

“夹心式”报价也称“三明治”式报价，即先介绍房间类型，后报价格，再补充介绍说明其服务设施、服务项目及特点，将价格这一十分敏感的事物裹在中间，从两面冲淡价格的强度。这种方式适合于推销中档客房（图 7.7）。

图 7.6　高档客房

图 7.7　中档客房

7.3　前厅经营统计分析

前厅作为酒店重要的营业部门和信息中心，除了提供优质的对客服务之外，还应利用经营与服务过程中获得的统计信息和数据资料，通过各种不同类型的经营统计报表将每天的客房的营业状况准确、详尽地反映出来，以使酒店的管理人员能够客观地了解和评估酒店的经营情况，并进一步分析、研究相应的经营决策。同时，前厅的统计分析报表中所反映的情况和数据，也给酒店其他部门的业务运作提供了重要的信息。

7.3.1 前厅经营统计报表

前厅经营统计报表是根据酒店经营管理的要求而设计的，反映酒店经营状况的重要信息资料。因此，它的重要性不容忽视。前厅每天向酒店有关部门报送的报表种类很多，从不同的角度体现了酒店的经营情况。其中最主要的是客房营业收入日报表和前厅客情日报表。

1. 客房营业收入日报表

客房营业收入日报表，是前厅报表中最重要和最直观反映酒店每日客房利用情况和营业收入的综合性统计报表。此表一式数联，由前厅接待处的夜审值班员负责制作，报送酒店的总经理、副总和各部门相关管理人员。

客房营业收入日报表的设计格式和内容因酒店而异，但大都包括当日的各类客房出租数、所接待的各类型客人数、客房出租率、客房平均房价及客房营业收入等（表7-1)。

表7-1 客房营业收入日报表

日期：　　　　　　　　　　　　　　　　　　　　　　　　制表人：

客源类型	当日房数	出租率	当日收入	当日平均房价	本月累计房数	本月出租率	本月累计收入	本月平均房价	本年累计房数	本年出租率	本年累计收入	本年平均房价
散客总数												
会务												
旅行社团队												
团队总数												
长包房												
日租												
出租房总数												
免费房												
自用房												
空净房												
脏房												
维修房												
可出租房总数												
总房数												

抄报：总经理/常务副总/财务副总/副总经理/房务总监/销售部/前厅

2. 前厅客情日报表

酒店前厅客情日报表（表 7-2），是前厅报表中反映当日在店客人情况、未来三日出租预测情况、当日离店客人情况及当日抵店客人情况的综合性统计报表。此表一式数联，由前厅负责制作，报送酒店的总经理、副总和各部门相关管理人员，使酒店各个部门清楚地了解客人情况，以便更好地把握酒店客房经营情况和提供优质的服务。

表 7-2　前厅客情日报表

日期：　　　　　　　　　　　　　　　　　　　　　　　　　制表人：

<table>
<tr><td>今日值班经理</td><td></td><td colspan="2">明日值班经理</td><td colspan="2"></td><td>后日值班经理</td><td colspan="3"></td></tr>
<tr><td rowspan="2">三日出租预测</td><td>月　日</td><td colspan="2">月　日</td><td colspan="2">月　日</td><td colspan="4" rowspan="2">备注</td></tr>
<tr><td></td><td colspan="2"></td><td colspan="2"></td></tr>
<tr><td>今日抵店</td><td colspan="3"></td><td colspan="2">今日离店</td><td colspan="4"></td></tr>
<tr><td rowspan="3">今日抵店 VIP</td><td colspan="2">姓名</td><td colspan="2">房号</td><td>公司名称</td><td colspan="4">备注</td></tr>
<tr><td colspan="2"></td><td colspan="2"></td><td></td><td colspan="4"></td></tr>
<tr><td colspan="2"></td><td colspan="2"></td><td></td><td colspan="4"></td></tr>
<tr><td rowspan="2">今日在住 VIP</td><td colspan="2"></td><td colspan="2"></td><td></td><td colspan="4"></td></tr>
<tr><td colspan="2"></td><td colspan="2"></td><td></td><td colspan="4"></td></tr>
<tr><td rowspan="2">今日离店 VIP</td><td colspan="2"></td><td colspan="2"></td><td></td><td colspan="4"></td></tr>
<tr><td colspan="2"></td><td colspan="2"></td><td></td><td colspan="4"></td></tr>
<tr><td rowspan="4">今日抵店团体</td><td colspan="2">团体名称</td><td colspan="2">用房数量</td><td>抵店时间</td><td colspan="4">备注</td></tr>
<tr><td colspan="2"></td><td colspan="2"></td><td></td><td colspan="4"></td></tr>
<tr><td colspan="2"></td><td colspan="2"></td><td></td><td colspan="4"></td></tr>
<tr><td colspan="2"></td><td colspan="2"></td><td></td><td colspan="4"></td></tr>
<tr><td rowspan="4">今日离店团体</td><td colspan="2">团体名称</td><td colspan="2">用房数量</td><td>离店时间</td><td colspan="4">备注</td></tr>
<tr><td colspan="2"></td><td colspan="2"></td><td></td><td colspan="4"></td></tr>
<tr><td colspan="2"></td><td colspan="2"></td><td></td><td colspan="4"></td></tr>
<tr><td colspan="2"></td><td colspan="2"></td><td></td><td colspan="4"></td></tr>
<tr><td rowspan="3">今日在店团体</td><td colspan="2">团体名称</td><td colspan="2">用房数量</td><td>会议场所</td><td colspan="2">会议时间</td><td>用餐场所</td><td>用餐时间</td></tr>
<tr><td colspan="2" rowspan="2"></td><td colspan="2" rowspan="2"></td><td rowspan="2"></td><td colspan="2" rowspan="2"></td><td rowspan="2"></td><td></td></tr>
<tr><td></td></tr>
</table>

抄报：总经理/常务副总/财务副总/副总经理/前厅/销售部/客房/餐饮部

7.3.2 客房经营主要指标分析

酒店管理者及前厅应掌握的客房经营指标有很多，主要有以下几种。

1. 客房出租率

客房出租率是反映饭店经营状况的一项重要指标，它是已出租的客房数与饭店可以提供租用的房间总数的百分比。其计算公式为

客房出租率=已出租客房数/可供出租客房总数×100%

上式比值越大，说明实际出租客房数与可供出租的客房数之间的差额越小，也就说明饭店的客源市场越充足，在一定程度上表明了饭店经营管理的成功。

客房收入是饭店收入的主要来源，所以客房出租率是饭店经营管理中所要追求的重要经济指标，它直接关系到饭店的盈亏状况。为此，饭店的盈亏线也是以客房的出租率表示的，即保本出租率。其计算公式为

保本出租率=（保本营业额/平均房价）/可供出租客房间天数×100%

其中：保本营业额=固定成本总额/（1-变动成本率-税率）

例如，某饭店拥有客房 200 间，年固定成本 1 000 万元，变动成本率 12%，营业税税率 5%，当年每间客房平均房价为 300 元，则

客房保本营业额=1 000/（1-12%-5%）≈1 204. 82（万元）

其中：保本出租率=（12 048 200/300）/（200×365）×100%≈55%

计算结果表明，这家饭店的保本出租率约为 55%，如果出租率低于 55%，饭店属于亏损经营；反之，饭店则能赢利。

显而易见，饭店要获得更多的赢利，必须扩大客房销售，提高客房出租率。但是，这并不说明客房出租率越高越好。因为饭店要想严格质量控制，在市场竞争中保持长久的实力，就必须有意识地控制客房使用，为客房维修和全面质量控制创造机会。如若一味地追求高出租率，一方面设施设备超负荷使用，长此下去，必然会出现设施设备得不到必要的保养维修、功能失灵及建筑物使用寿命缩短等问题。另一方面，长年过高的出租率必然使客房服务人员被牢牢地固定在服务工作岗位，无暇参加培训教育，加之工作疲劳，使服务质量下降，造成管理工作的极大困难。为了使饭店的客房资源得到最有效和最长久的利用，一些专家提出了较为理想的年平均客房出租率是在 80%左右。

2. 客房销售效率

客房销售效率是实际客房出租所得销售额，占全部可出租房间的牌价出租的销售总额的百分比。其计算公式为

客房销售效率=客房实际销售额/全部客房牌价出租的总销售额×100%

例如，某饭店有可出租客房 270 间，其中单人间 50 间，房价 40 美元；标准间 180 间，房价 70 美元；普通套间 30 间，房价 125 美元；豪华套间 10 间，房价 180 美

元。某日的客房收入额合计为12 000美元。试计算客房销售效率。

客房销售效率=12 000/（50×40+180×70+30×125+10×180）×100%

≈59.6%

客房销售效率实际是以价值表示的客房出租率。在客房经营统计分析中，它比单纯以数量变化得出的出租率更完善、更准确。它不仅能反映客房销售数量的多少，还反映了客房平均销售价格的大小，以及客房销售类型结构的变化等情况，因而可以衡量客房销售的实际效果。为了更好地确定销售目标，准确分析并预测销售状况，可以将客房销售效率与客房出租率结合运用。

3. 平均客房价格

平均客房价格是酒店经营活动分析中的一个重要指标，它是酒店出租每一间客房所获得的平均客房收入。其计算公式为

平均客房价格=客房收入/出租客房数

平均客房价格的高低直接影响酒店的经济效益，因此它对于酒店的经营管理者具有相当大的参考价值。影响平均客房价格的因素有很多，包括客房出租率、出租的客房类型及实际出租客房价格等。

平均客房价格与客房出租率两者之间关系密切。一般地说，当客房出租率较高时，平均客房价格就会降低；反之，要保持较高的平均客房价格，又会使客房出租率下降。所以，要把握好客房出租率和平均客房价格两者之间的关系，同时保持合理的客房出租率和较高的平均客房价格，获得理想的客房收入，既是酒店经营管理的艺术，也是制定客房价格策略的重要参照指标。

4. 盈亏临界分析

1）盈亏临界分析法的概念

盈亏临界分析法也称为保本点分析法，或损益平衡分析法，是一种使用很广的传统分析方法。在酒店客房经营过程中，可用来确定企业不亏损条件下的客房最低销售量，即确定酒店客房的销售收入与总成本相等的临界点。这样就需要对产品的销售量、成本和利润的关系进行分析，故此方法又称“量、本、利”分析法，如图7.8示。

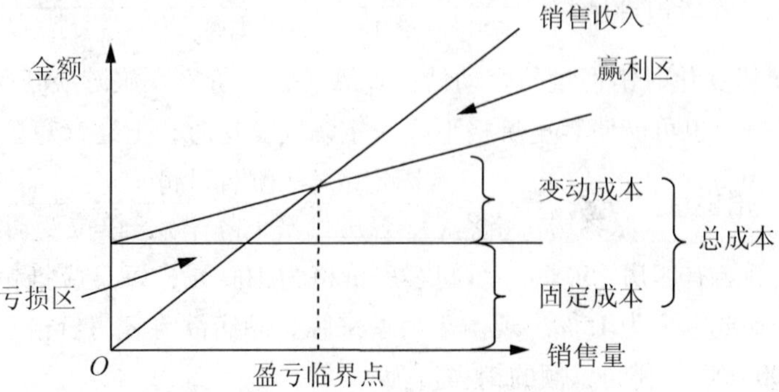

图7.8　“盈亏临界”分析图

在进行盈亏临界分析时，首先要将成本按照其与销售量的关系分为固定成本与变动成本。酒店将所获得的客房营业收入扣减变动成本的余额，用来补偿固定成本，余额与固定成本相等的点即为盈亏临界点或保本点。

2）盈亏临界分析的应用

（1）当酒店客房处于不亏损的情况下，其利润为零。此时客房的销售收入等于固定成本和变动成本之和。计算公式为（不考虑税金）

$$盈亏临界点销售量=\frac{固定成本总额}{单位客房价格-单位变动成本}$$

如果把营业税税率考虑在内，则上述公式为

$$盈亏临界点销售量=\frac{固定成本总额}{单位客房价格\times（1-营业税率）-单位变动成本}$$

$$保本销售价格=\frac{单位变动成本+单位固定成本}{1-营业税税率}$$

例如，某酒店共有标准客房250间，预计该酒店的客房固定成本总额为15 000元，预计年平均出租率为60%，客房的单位变动成本为30元，营业税税率为5%，则它的保本销售价格为

$$（15\ 000/250\times60\%+30）/（1-5\%）\approx69.47（元）$$

（2）在酒店保本的基础上，我们再来分析在具有一定利润的前提下，它们之间的变动关系。计算公式为

$$客房销售量=\frac{固定成本+预期利润}{单位客房价格-单位变动成本}$$

① 成本变动时销售量的变动情况。在客房销售价格不变的情况下，成本如果增加，酒店的利润就会下降。如果成本的变化是由于固定成本增加了，上述计算公式则为

$$客房销售量=\frac{原有固定成本+新增固定成本+预期利润}{单位客房价格-单位变动成本}$$

或

$$客房销售量=\frac{原有固定成本+新增固定成本+预期利润}{1-变动成本率}$$

② 客房价格变化时销售量的变动情况。酒店客房价格在旅游淡旺季是不同的，有时为了提高竞争力也可能使客房价格下降一定幅度。这时，上述计算公式为

$$客房销售量=\frac{固定成本+预期利润}{原客房价格\times（1-客房价格下降率）-单位变动成本}$$

例如，某酒店有客房150间，每间客房价格为100元，每日应推销的固定成本为12 000元，变动成本率为15%。现由于淡季来临，酒店欲将客房价格下调20%，则能达到每年1 000 000元利润总额的销售量为

$$（12\ 000+1\ 000\ 000/365）/[100\times（1-20\%）-100\times15\%]\approx226（间）$$

本章小结

● 前厅销售具有综合性、无形性及易衰性等特点，前厅销售的内容包括饭店的地理位置、饭店的设施及有形产品、饭店的服务产品、饭店的形象与口碑，以及饭店的环境氛围。前厅销售的要求是熟悉自己酒店的基本情况和特点，了解竞争对手酒店的产品情况，认真观察分析客人心理、迎合客人需求，表现出良好的职业素养及使用创造性的语言等。

● 客房销售的程序主要包括五个程序段：把握特点、介绍客房、洽谈价格、展示客房、促成购买。

● 销售技巧应根据不同对象、不同场合进行灵活运用，前厅接待员的销售技巧主要有匹配销售、整体性销售、“移情”销售、价值销售、选择式销售、坚持正面介绍的销售、价格分解销售、对犹豫不决的客人可多提建议的销售、合理的报价技巧销售及灵活的报价方式销售等几种。

● 酒店管理者及前厅应掌握的客房经营指标有很多，主要有客房出租率、客房销售效率、平均客房价格及盈亏临界分析等。

思考题

一、单选题

1. 较为理想的年客房平均出租率为（　　）左右为宜。

A. 80%　　B. 85%　　C. 90%　　D. 95%

2. 适合推销高档客房的报价方式是（　　）。

A. 冲击式报价　　B. 夹心式报价　　C. 鱼尾式报价　　D. 三明治式报价

3. 适合推销低档客房的报价方式是（　　）。

A. 冲击式报价　　B. 夹心式报价　　C. 鱼尾式报价　　D. 三明治式报价

4. 前厅的首要任务是（　　）。

A. 接待客人　　B. 销售客房　　C. 处理账务　　D. 处理投诉

二、判断题

1. 进行饭店产品销售时，前厅销售人员首先应明确饭店的销售内容。（　　）

2. 饭店所处的地理位置是前厅销售的重要内容之一。（　　）

3. 饭店的形象是最有影响的活广告，前厅服务员应灵活运用。（　　）

4. 商务客人的特点是时间安排紧、注重饭店的价格。 ( )
5. 夹心式报价适合推销高档客房。 ( )

三、简答题

1. 客房销售的内容是什么?
2. 客房销售的技巧有哪些?
3. 作为一个酒店前厅销售人员，面对客人应如何报价?
4. 如何分析客房经营主要指标?

四、案例分析

一个穷“留学生”带来的财富

一个细雨飘飘的傍晚，某五星级饭店大堂经理林恩正在大堂值班。她透过玻璃门，看到一个外国青年背着一个很大的背包正朝着饭店的大门走来。他从旅行团门进入大堂，立即放轻了脚步，显然是被饭店大堂的豪华气派震慑住了。他看着自己肮脏的旅游鞋，有点犹豫，但还是走到了总台，用英语问道：“请问，这儿有住宿吗? 哦，我知道你们当然有，但我指的是 dormitory（较廉价的宿舍）。”“dormitory?”总台接待员反问。年轻人看看大厅四周，轻声地说：“我想你们这儿一定没有我要的那种房间了。”大堂经理林恩此时也来到了总台，她友好地对这位外宾说：“您是否需要房价低一点的房间?”“正是。”这位外宾为有人了解了他的需求感到高兴。巧的是，这家五星级饭店旁边正好有一家三星级涉外饭店，两家饭店同属一个集团，彼此往往根据不同的宾客档次互相促销。这时，林恩就向外宾推荐这家三星级饭店：“我们还有另一家饭店，单人间房价在300元左右，您觉得怎么样?”这个外国青年的脸上露出了一丝为难，“我是一个穷留学生，要住一段时间，这个房价恐怕还是偏高，我看算了吧。”他说着就往外走去。林恩看天色已晚，宾客又不会中文，要找一个廉价的住处，可能很困难。她想了想，追了上去，“请等一等，我知道我们饭店对面弄堂里有一家不错的招待所，房价在90元左右，如果你愿意的话，我可以派一名行李员陪你过去。”外国青年的脸上露出了笑容：“啊，那真是太好了，太感谢你了。我以后一定会给你一个惊喜。”林恩说：“这是我应该做的。”

几天后的一个傍晚，从门外走进来一老一少两位外宾。坐在大堂经理位子上的林恩惊奇地发现那个年轻的外宾正是那天的那个留学生，所不同的是他今天西装革履，与那天的邋遢样全然不同。此时他们已经走到了林恩面前，年轻的外宾说：“谢谢你，林小姐，那天要不是你，我可能要露宿街头了。这是我的父亲，他在中国有一家化工分公司，生意不错，不过我还是想先自己打工留学。我父亲的公司每年有一笔不小的交际费，我向他介绍了你们饭店的豪华和你的亲切服务，他一定要我陪他过来看看，并且会把公司所有的宾客安排到这儿。正好今天是我的生日，我们能邀请你一起吃饭吗?”林恩为自己能给饭店接到这样一笔大生意喜出望外:“这就是你要给我的惊喜吗?简直超过了我的想象。谢谢你们如此关照,同时,祝你生日快乐。但我正在上班,不能陪两位了。谢谢,祝你们用餐愉快。”目送两位外宾从大堂豪华的楼梯去了西餐厅,林恩坐在自己的位置上思绪万千。

[案例思考题]

1. 遇到一些看起来不会在饭店消费的宾客,前厅员工应采取什么态度?
2. 如果你是林恩,你会如何处理?
3. 此事对饭店有何启示?

五、实训题

调查本地区的星级酒店的客房销售情况,分析其中的技巧,并写出评析报告。

8 宾客关系管理

内容概要

1. 大堂副理与客户关系主任
- 大堂副理；
- 客户关系主任。

2. 建立良好的宾客关系
- 树立良好的服务意识；
- 掌握多层次的顾客需求；
- 提供个性化服务。

3. 宾客投诉处理
- 宾客投诉的种类；
- 正确认识宾客投诉；
- 宾客投诉处理的程序；
- 宾客投诉的预测与防范。

4. 客史档案管理
- 客史档案的作用；
- 客史档案的内容；
- 客史档案的管理。

学习目标

（1）了解大堂副理与客户关系主任的基本职责。
（2）根据顾客需求建立良好的宾客关系。
（3）根据已学到的知识进行宾客投诉处理。
（4）进行客史档案管理。

案例赏析

501客房早已过了结账时间，酒店甚至还给501的张先生发了书面通知，可张先生就是迟迟不来结账，甚至连电话也不接。因为是老客户，且以前一直配合得很好，所以前厅也没有特别在意，可是他的酒店消费额还是不断上升。

前厅费了九牛二虎之力，终于接通了他的电话，谁知张先生却说："我这几年来有这么多业务在你们的城市，难道还不放心吗？更何况我还要在这里待好几年呢，好吧好吧，明天我一定来结账。"

可第二天张先生却依然未到，前厅再次打电话委婉说明酒店的规章，然而这次张先生却支支吾吾、闪烁其词。他的行为引起了酒店的注意，经讨论后决定到他的业务单位侧面了解。结果使酒店大吃一惊，张先生在本市已结束了业务，机票也已定妥，不日即飞离本市。酒店当即决定，给501张先生以最后的通牒，同时内紧外松，客房部、保安部对他重点"照顾"，此外与机场联系打听到他的航班时间。为了尽可能不弄僵关系，客房部以总经理名义送上果篮，感谢张先生对酒店近几年的支持，此次一别，欢迎再来。张先生是个聪明人，知道自己的情况已被人知，第二天自己结清了所有账目。前厅对张先生也是礼貌有加，诚恳地询问客人对酒店的服务有什么意见和建议，并热情地欢迎他以后再来。

8.1　大堂副理与客户关系主任

酒店的服务对象是宾客，宾客对服务质量的评价是质量标准的重要方面。作为酒店，要通过各种渠道和方式，主动征求客宾的意见，收集宾客和传播媒介有关服务质量的信息。目前，许多酒店通过设立大堂副理和客户关系主任等岗位，来建立、发展和改善与来店客人及住店客人的关系，使客人对酒店留下良好印象。因此酒店要重视宾客关系，宾客关系是反映酒店服务质量的晴雨表，它最能反映酒店服务质量的突出问题和薄弱环节。

8.1.1 大堂副理

大堂副理（Assistant Manager），是酒店管理机构的代表之一，在与宾客的直接接触当中起着重要的作用。大堂副理一般隶属于前厅，对前厅经理负责。担任这个职务的人员应受过良好的教育，有较丰富的酒店实际工作经验，知识面广，善于社交，对国家及本酒店的政策条文充分了解，语言表达能力强，工作有高度的自觉性和责任感，观察分析能力强，处理问题时既有原则又有灵活性。

1. 大堂副理的主要职责

（1）代表总经理接受及处理酒店客人对酒店内所有部门（包括个人）的一切投诉，听取客人的各类意见和建议。

（2）会同有关部门处理客人在酒店内发生的意外事故（伤亡、凶杀、火警、失窃和自然灾害）。

（3）解答客人的咨询，向客人提供必要的帮助和服务（报失、报警、寻人和寻物）。

（4）维护宾客安全。

（5）维护酒店利益（索赔、催收）。

（6）收集客人意见并及时向总经理及有关部门反映。

（7）维护大堂及附近公共区域的秩序和环境的宁静、整洁。

（8）督导、检查在大堂工作人员的工作情况及遵守纪律情况（前台部、财务部、保安部、管家部、绿化部、餐饮部、工程部和车队部等部门人员）。

（9）协助总经理或代表总经理接待好 VIP 和商务楼层客人。

（10）夜班承担酒店值班总经理的部分工作，如遇特殊和紧急情况及时向上级汇报。

（11）向客人介绍并推销酒店的各项服务。

（12）发现酒店管理内部出现的问题，向酒店最高层提出解决意见。

（13）协助各部维系酒店与 VIP、熟客、商务客人的良好关系。

（14）负责督导高级账务的催收工作。

（15）定期探访各类重要客人，听取意见并整理好呈总经理。

（16）完成总经理及前台经理临时指派的各项工作。

（17）参与前台部的内部管理。

2. 大堂副理的素质要求

大堂副理要具有酒店三年以上工作经验，有一年至两年前台运转部门（特别是前厅）基层管理工作经验。仪表端正，气质良好。熟悉酒店的各项政策及管理规定，具有高度的责任心和服务意识，有较强的应变能力、组织协调能力和是非判断能力，能独立处理较复杂的紧急问题。

3. 大堂副理的作用

1）大堂副理是酒店形象代言人

大堂副理要注意言行举止，要具有亲和力的笑容，一举一动都代表着酒店的形象，要做到有修养、不做作、走路轻、语速适中、英语流利。大堂副理在大堂的一举一动都备受关注，不仅要有良好的气质和形象举止，最重要的要有内涵，要眼观六路、耳听八方。

知识链接

关于形象的实验

美国有位专家做过一个实验，他本人以不同的打扮出现在同一地点。当他身穿西服以绅士模样出现时，无论是向他问路或问时间的人，大多彬彬有礼，而且本身看来基本上是绅士阶层的人；当他打扮成无业游民时，接近他的多半是流浪汉，或是来找火借烟的人。

2）大堂副理是大堂的主人

大堂副理顾名思义是大堂的主人，不仅仅要向客人提供解答问讯服务，还要维护好大堂的秩序及卫生，包括大厅设施设备的检查，保证大堂肃静、幽雅和文明。大堂有个良好的环境，才可以为客人营造一个惬意舒适的环境，才使得客人一走进大堂，有眼前一亮的感觉，认为此次入住会是一个愉悦的旅程的开始。

案例赏析

2010年2月21号，大堂副理一上班照例查看总台的当日的预订情况，发现当日有××公司领导安排的客人到店。虽然不是VIP接待，但是大堂副理还是从总台取了该房间的房卡和客房部经理一起对807预订房进行检查。在检查完房卡开门取电没有故障后，接着对该房间的卫生进行检查。进门第一眼就看到了南边床头柜上有散落的水泥碎块，房间其他设施设备卫生良好。此时，电脑的房态显示的是OK房，客房领班也已检查完，客人可以随时进房。经进一步调查，原来是客房领班检查房间时发现南边一侧的床头灯有问题，向工程部报修，在维修后没有再次检查就向客服中心提供该房是OK房的信息，客服中心报总台是OK房，可以进店。大堂副理决定将此房改为维修房重新清扫，并要求总台重新安排一间较好的房间，以备不时之需。并且，找来了工程部经理和客房部经理，说明事情和处理意见。次日晨会，客房部将加强工作责任心为本周重点工作，工程部规定修理时产生的垃圾随身处理带走，并通知有关部门检查。事情得到了圆满的解决。

3）大堂副理要做宾客的“倾听者”

作为大堂副理首先要学会“听”，当因为各种原因引起客人不满时，投诉到大堂副理，首先要耐心“听”客人诉说，然而“听”不是白听，要学会分析，采取措施，既不让酒店利益受损，又可以让宾客满意，获得宾客的信任。与客人成为朋友，熟悉了解客人特点，主动向客人征求意见，积极融洽酒店和客人之间的关系。

案例赏析

住在某酒店的几位客人，某天下午出去购物，离店前咨询过大堂副理，因突然的大雨久久不停，造成几位购物客人无法回店。夜越来越深，雨越下越大，大堂副理突然想起了此事，想与客人联系，了解客人是否需要帮助，但又没有他们的电话号码，心里非常着急，因客人曾开通过房间的电话，留有对方的电话号码记录，大堂副理急中生智，通过与对方联系，寻找到住店客人的手机号码，与客人联系上后，大堂副理派车冒着倾盆大雨将他们接回了酒店。几位客人经常在外出差，第一次享受到这种礼遇很受感动。临别时，客人向酒店递了封感谢信，并要求酒店表扬大堂副理对他们无微不至的关怀。

8.1.2 客户关系主任

客户关系主任（Guest Relation Officer，GRO）主要是在大堂负责与客户沟通，替客户做一些问讯解释工作，做好与客户的关系维护。酒店在没有专人接待过程中，客户关系主任是酒店同客人直接对接的纽带，对酒店的形象有一定的影响。服从前厅经理的指示，执行和履行酒店的所在地相关政策和程序，有计划地协助前台、总机、商务中心和礼宾各部门的正常运作。

1. 客户关系主任的基本职责

（1）在宾客入住期间，检查和督促客户关系，提供温馨服务，最大化地满足客人需求。

(2) 录入客人数据到相关系统。

(3) 协助推广酒店产品和设施的销售。

(4) 处理客人投诉，作出相应的行动。

(5) 根据当日预订报表提前检查房间分配、欢迎物品和满足特别的要求。

(6) 每周检查常住客的报表，和客人保持紧密联系。

(7) 负责酒店设施、航空信息、交通信息、线路、地图和相关旅游信息的存档。

(8) 掌握酒店各种宴会销售信息，了解竞争对手的宣传和推广信息。

(9) 完成其他分配的工作。

2. 客户关系主任的素质要求

1) 品德

客户关系主任必须具有良好的品德，正派、诚实、责任心强。客户关系主任的工作会涉及酒店营业机密及客人隐私等，每天都要同国内外客人打交道，所以应作风正派、为人诚实可靠、行为良好、不牟私利。应具有良好的职业道德，用真诚的态度、良好的纪律为客人提供优质的服务。客户关系主任要向客人提供大量的项目繁多的服务工作，每一次具体任务中出现的任何一点差错，都会影响客人对酒店服务产品的评价，影响服务质量和声誉。所以客户关系主任必须具有强烈的服务意识，具有高度的事业心和责任感，热爱宾客、热爱酒店、热爱本职工作。

2) 仪容仪表

良好的仪容仪表会给客人留下深刻的印象和美好的回忆。仪容是对服务人员的身体和容貌的要求，客户关系主任应身体健康、身材匀称、面慈目秀。仪表是对服务人员外表仪态的要求。客户关系主任在工作中应着装整洁、大方、美观，举止姿态端庄稳重，表情自然诚恳、和蔼可亲。良好的仪容仪表代表了客户关系主任对企业和工作的热爱，对客人的尊重，反映了酒店高品位的服务水准。

3) 礼貌修养

礼貌修养是以人的德才学识为基础的，是内在美的自然流露。客户关系主任应有的礼貌修养具体表现在对宾客应一视同仁，待人热情，分寸适度，表情自然诚恳，微笑服务，容貌端庄，服装整洁。举止大方有礼的客户关系主任给人以热情好客、训练有素、可以信赖的感觉。

4) 性格

性格是个人对现实的稳定的态度和习惯化了的行为方式。客户关系主任应具有外向的性格，因为他们处于酒店接待客人的最前线，需要每天与各种客人打交道，提供面对面的服务，外向性格的人感情外露、热情开朗、笑口常开、善于交际。但是，如果性格外向，而言谈举止咄咄逼人或好为人师，这样的性格极易造成对客关系紧张，无助于形成良好的热情好客的气氛。所以，作为一名客户关系主任，除了必须有开朗的性格、乐意为别人服务的品质外，更重要的是耐心、容忍和合作精神，善于自我调节情绪，始终如一的温和、礼貌，并具有幽默感，善于为别人提供“台阶”，能为尴尬的局面打圆场，使自己在对客服务中保持身心平衡，并提高服务过程中的随机应变能力。

3. 客户关系主任的能力要求

1）语言交际能力

语言，特别是服务用语，是提供优质服务的前提条件。客户关系主任应使用优美的语言、令人愉快的声调，使服务过程显得有生气。要能够使用迎宾敬语、问候敬语、称呼敬语、电话敬语、服务敬语及道别敬语，提供敬语规范化的服务。能够用英语或其他外语进行服务，并解决服务过程中的一些基本问题。善于用简单明了的语言表达服务用意，并进行主客之间的沟通。

2）业务操作技能

客户关系主任应动手能力强，反应敏捷，能够熟练、准确地按操作程序完成本职工作，为宾客提供满意周到的服务，使宾客处处感到舒适、整洁、方便与安全。要在快速敏捷、准确无误的工作过程中，不断提高自己的各方面工作能力，如应变能力、人际关系能力、推销酒店产品能力及熟记客人能力等。

3）广泛的知识面

客户关系主任应具备较宽的知识面和较丰富的专业知识。应略通政治、经济、地理、历史、旅游、宗教、民俗、心理、文学、音乐、体育、医疗及有关酒店运营等多方面的知识，以便与客人交流沟通，保证优质服务。与酒店其他部门相比较，客户关系主任知识面的要求也是较高的。

8.2 建立良好的宾客关系

前厅服务人员需要与各种不同类型的客人打交道，满足他们的服务需求。因此，必须树立良好的服务意识，正确地认识客人，从客人的举止、谈吐、神态中判断客人的情绪与要求，然后注意自己的表情与言谈的同时，根据客人的特征，提供针对性的服务。

8.2.1 树立良好的服务意识

1. 服务意识的内涵

服务意识是指酒店全体员工在与一切企业利益相关的人或酒店的交往中，所体现的为其提供热情、周到、主动的服务的欲望和意识。即自觉主动做好服务工作的一种观念和愿望，它发自服务人员的内心。服务意识有强烈与淡漠之分，有主动与被动之分。这是认识程度的问题，认识深刻就会有强烈的服务意识：有了强烈展现个人才华、体现人生价值的观念，就会有强烈的服务意识；有了以集体为家、热爱集体，无私奉献的风格和精神，就会有强烈的服务意识。

2. 树立良好服务意识的七要素

1）微笑

在酒店日常经营过程中，要求每一位员工对待客人，都要报以真诚的微笑，它应该是不受时间、地点和情绪等因素的影响，也不受条件限制。微笑是最生动、最简洁、最直接的欢迎词。

知识链接

情绪类服务

情绪类服务是指提供服务者与顾客之间发生的人际关系的总和。其内容包括服务过程中的动作、表情、言谈等。站、坐、表情、行走、语言等均是表达服务员情绪的外在形体语言，是满足顾客精神需求的要素之一。在实施服务的过程中，服务员应在短时间内感受、判断出客人的情绪，以便作出相应的反应。必须要引起高度注意的是，服务员的情绪会直接影响到顾客的情绪，尤其是服务员的言谈举止（形体语言），如表现出的情绪，是快乐积极的、轻松舒适的、热情的，还是低沉的、抑郁的。在服务过程中，具体应向顾客说些什么，做些什么？正如顾客与服务员交往时会带着某种情绪一样，服务员面对服务对象时，也一定会带着自己的情绪，并通过一定的行为方式将某种情绪表达出来。必须要考虑自己在服务过程中，对顾客弹奏的是什么样的“曲调”，是真诚、热情的，还是低迷、消沉的。保持自己的情绪，不被顾客的“曲调”干扰（也就是不被顾客的情绪干扰），是提高服务效率和让客人接受所提供的服务的前提，是必须面对和选择的策略和服务细节。

2）精通

员工对自己所从事的每个方面都要精通，并尽可能地做到完美。员工应该熟悉自己的业务工作和各项制度，提高服务技巧和技能。“千里之行，始于足下”，要想使自己精通业务，必须上好培训课，并在实际操作中不断地总结经验，取长补短，做到一专多能，在服务时才能游刃有余。这对提高酒店的服务质量和工作效率、降低成本及增强竞争力都有重要作用。

3）准备

要随时准备好为客人服务。也就是说，仅有服务意识是不够的，必须要有事先准备，这包括思想准备和行为准备。例如，在客人到达之前，将房间打扫干净，备好茶水，处于一种随时可以为他们服务的状态，而不会手忙脚乱。

案例赏析

一位台湾客人住进了上海虹桥宾馆。晚上，夜班服务员在为这位客人做夜床时发现，客人在沙发上盖着一条浴巾，这一细微的习惯，立即被服务员捕捉到了。次日，在整理房间时，服务员不仅按标准更换了规定数量的浴巾，而且破例多给客人一条浴巾，并按客人的习惯将浴巾铺在沙发上。台湾客人一见，高兴地说："你们服务中很留意客人的喜恶，真是有心人！下次我还来！"

4）重视

要把每一位客人都视为"上帝"看待而不怠慢客人。员工有时容易忽视这一环节，甚至产生消极服务现象。这是因为员工看他们穿戴随便，消费较低，感觉没有什么派头等表面现象而产生的。而现实生活中，往往越富裕的人，在穿戴方面越随便，这是因为他们自信，所以衣服不能代表财富的多少。在这一环节上千万不能以貌取人，而忽略细微服务，要重视和善待每一个客人。

5）细腻

细腻主要表现于服务中的善于观察，揣摩客人心里，预测客人需要，并及时提供服务，甚至在客人未提出要求之前就能替客人做到，使客人倍感亲切。例如，看到客人的访客较多，可主动为客人送椅子、茶叶、杯子、开水等，见客人买水果回来，可主动送上水果刀，这就是所讲的超前意识。

案例赏析

天津喜来登大酒店，住进了一位来自澳大利亚的客人。他外出时，将一件丢了一个纽扣的衣服放在房间里。当他晚上回房时，发现纽扣已经钉好，衣服被整齐地放在那里。原来值班服务员整理房间时，发现客人衬衣上少了一颗纽扣，便在没有任何监督和要求下，主动找来了针和线，选了一个相同的纽扣钉上。这位客人非常感动，他说："我的这个纽扣丢失已久，没想到，住进贵店的第二天，服务小姐就主动给钉上了，你们的服务真是无微不至啊！"

6）创造

为客人创造温馨的气氛，关键在于强调服务前的环境布置和友善态度等，掌握客人的嗜好和特点，为客人营造"家"的感觉，让客人觉得住酒店就像回到家里一样。

案例赏析

一位医生前往英国的一座商业小镇附近参加会议。陪同他一起去的妻子是这样描述她的经历的。

我独自走进小镇。那天是一个星期日，商店都打烊了，没有灯光，橱窗里的“摆设”毫无生气，整个小镇看上去既寒冷又恐怖。我发誓我永远不会再来这里。我回到酒店，打算独自度过不幸的夜晚。但我一走进酒店，就感受到热情洋溢的欢迎氛围。人们跟我说话，表现出真诚和关心。我感觉很特别，有一种被人关心、被人需要的感觉。我的烦恼顿时就消失了。我得到了礼遇和尊重，度过了愉快的、令人难忘的一晚，我将来还会再来这家酒店。

[**评析**]：这就是不依靠“系统”而以质量为本的服务文化所体现的服务意识。

7）真诚

热情好客是中华民族的美德。当客人离开时，员工应发自内心地并通过适当的语言真诚邀请客人再次光临，以给客人留下深刻的印象。

8.2.2　掌握多层次的顾客需求

顾客需求（Customer Demand）是指顾客的目标、需要、愿望及期望。顾客需求的产生主要有自然驱动力、功能驱动力、人的自身经验总结、人际交往活动及经营活动等引发。了解顾客需求，是做好服务工作的第一步。

知识链接

星巴克的个性咖啡

就如同每一个人喜欢的颜色有差异，一点微剧的变化，都代表着个人独特的性格。星巴克发现喜欢喝美式咖啡的人，与喜欢喝焦糖玛奇朵的人的确有明显的差异。星巴克相信每一个人喜欢的饮料都不尽相同，这正代表着多样的个人风格。

在星巴克，人们可以通过以下五步定制多种多样的个性咖啡，享受独一无二的咖啡体验。

第一步：选择饮料的大小。这里的选项有小杯8盎司，中杯12盎司，大杯16盎司三种。

第二步：选择浓缩咖啡。这里的选项有低咖啡因，半脱咖啡因及增加浓度等多种选择。

第三步：选择喜欢的糖浆。这里的选项有香草、焦糖、杏仁、榛果、覆盆莓、原味及无蔗糖等多种选择。

第四步：选择喜欢的牛奶。这里的选项有全脂牛奶、低脂牛奶和豆奶三种选择。

第五步：选择特别的偏好。这里的选项有泡奶的多少、鲜牛奶的多少及牛奶的热度等。

完成以上的五步，一杯特制的咖啡就在星巴克制作完成了。消费者可以从这五步的每一步中作出不同的选择。例如，某位消费者可能在第一步时面临大杯、中杯、小杯三种选择；在第二步时面临低咖啡因、半脱咖啡因及增加浓度三种选择；第三步时面临香草、焦糖、杏仁、榛果、原味、无蔗糖等多种选择；第四步时有全脂牛奶、低脂牛奶和豆奶三种选择；第五步也面临三种选择。那么，这位消费者就至少有567种（3×3×7×3×3）选择。其实，在实际操作中，星巴克的消费者面对的选择远不只这么多。只要顾客有需要，星巴克就能按照顾客的需要为顾客定制一杯独一无二的星巴克咖啡。

1. 顾客需求的类型

常见的顾客需求可分为必备需求（Must-be Requirement）、单向需求（One-dimensional Requirement）和吸引需求（Attractive Requirement）三类。

1）必备需求

必备需求是顾客对酒店提供的产品或服务因素的基本要求，是酒店为顾客提供的承诺性利益。如果这些要求没有得到满足，顾客会非常不满意。但是，如果这些要求得到了满足，顾客也不会因此产生更高的满意度。

2）单向需求

单向需求是指顾客的满意状况与需求的满足程度成比例关系的需求，是酒店为顾客提供的变动性利益，如价格折扣。酒店提供的产品或服务水平超出顾客期望越多，顾客的满意状况越好，反之亦然。

3）吸引需求

吸引需求是指既不会被顾客明确表达出来，也不会被顾客过分期望的需求，是酒店为顾客提供的非承诺性利益。但吸引需求对顾客满意状况具有很强的正面影响。具有这类需求特征的产品或服务因素一旦得到满足，将会对顾客的满意状况产生超比例的提升；但是，即使没有满足顾客的这类需求，顾客的满意状况也不会明显下降。

2. 顾客需求管理策略

顾客需求的波动程度很大，通过调节需求，可以降低顾客需求周期性的变化。虽然顾客到来的时间总是随机的，但平均到达率在长期中将会是稳定的。可以预先采取一些措施对需求进行一定程度的有效疏通和引导。

1）划分需求

管理需求必须首先划分需求。顾客的年龄、性别、收入、职业及生活方式等特征都会从不同方面，以不同的方式影响顾客对不同服务的需求。同时，不同的顾客也可能受不同因素的影响产生购买动机。

知识链接

“海底捞”的服务

管理可谓是一门实践的艺术。没读过大学，没受过任何管理教育的张勇，在知道竞争差异化是何物时，竟在偏僻的四川简阳悟出了服务差异化战略，而且把战略成功灌输到所有一线员工。

什么才能让顾客体会到差异化服务？张勇通过经营实践总结出：就是要超出人的期望，让人们在“海底捞”享受到其他火锅店享受不到的服务。要做到这点不能仅靠标准化的服务，更要根据每个客人的喜好提供创造性的个性服务。从洗菜、上菜、传菜、做火锅底料、带客人煮菜、清洁到结账，做过火锅店每一个岗位的张勇知道，客人的需求五花八门，单是用流程和制度培训出来的服务员最多能达到及格的水平。制度与流程对保证产品和服务质量的作用毋庸置疑，但同时也压抑了人的个性，因为他们忽视了员工最有价值的部位——大脑。让员工严格遵守制度和流程，这只是雇用了其双手。这是最亏本的生意，因为人的双手是最劣等的机器，论力气和每个动作之间的偏差，根本比不过机械。有人要标准的调料，有人喜欢自己调配；有人需要两份调料，有人连半份都要不了；有人喜欢自己涮，有人喜欢服务员帮忙涮。有人不喜欢免费的酸梅汤，能不能让他免费喝一碗本该收费的豆浆？碰到牙口不好的老人，能不能送碗鸡蛋羹或南瓜粥？让客人满意不可能完全靠标准化的流程和制度，只能靠一线服务员临场独立的判断完成。如果碰到流程和制度没有规定的问题，就需要大脑去创造了。例如，客人想吃冰激凌，服务员要不要到外面给他买来？这里的服务很“个性”：餐前，当你在等位时，这里有人给你提供很多免费服务；餐中，会有服务员想你之所想，提供各种贴心的服务；餐后，服务员还可以为你提供意想不到的服务。

2）提供价格诱因

定价可能是影响服务需求最直接的方式。基本思路、价格杠杆，让更多的顾客尽量避开需求高峰期而选择需求低谷期进行服务消费。受优惠价格的吸引，有条件在非高峰时段消费的顾客会选择错开高峰期消费。春运前后期的降价使许多乘客选票价下浮时段出行；长途电话在周末和夜间打折，意在引导用户选择在这一时段通话；电影院白天票价低于夜晚；旅游景点在非旅游旺季打折等，都是这种策略的应用。当然，顾客对价格的敏感程度和适当的折价水平是影响价格差异策略实施效果的主要因素。用差别定价的方法鼓励更好地充分使用组织的资源和调节服务需求。

3）促进非高峰期的需求

寻找需求的不同来源会导致对非高峰期服务能力创造性的提升。例如，在酒店客房经营淡季时，可以将酒店客房按钟点房销售，通过促销增加需求。

4）开发互补性服务

开发互补性服务项目扩大和吸引需求，对受季节性等因素影响较大的服务项目，在条件许可的情况下，改变不同时段的服务供给，开发互补性服务，可以吸引更多需求，缓解等待时的焦躁心情，增加收益，充足利用设施。例如，城市酒店可以利用周末或固定的节假日推出针对家庭消费的服务项目。若再配合积极的营销宣传、价格优惠、热情服务等方面的努力，改变供给以引导需求，能收到更好的效果。

5）完善酒店预订系统

使用服务预订系统预约需求，在相对准确地预知和预测未来服务需求量的基础上，酒店可以制订更有针对性的服务计划，平衡服务能力负荷。虽然预约只是某一时段消费量的反映，但在一定程度上起到了使酒店能够预先准备的作用，并能根据酒店的能力情况适当引导消费，提高服务效率。

8.2.3 提供个性化服务

个性化服务是一种有针对性的服务方式，通过满足客人需求来实现。

1. 酒店个性化服务的意义

个性化服务是竞争和社会发展的需要。随着酒店业的快速发展，消费者对酒店服务的需求也不断地发生变化，对个性化服务的需求已突出体现。总的来说，个性化服务的意义主要有以下几方面。

1）满足客人的个性化需求

客人需求是酒店经营活动的出发点和归宿。客人的需求多种多样，客人的喜好与要求往往会与酒店的规定有所不同。在这种情况下，要求服务人员适当偏离标准操作程序，根据客人的具体要求，灵活地提供个性化服务。

2）为酒店经营寻找新机会

哪里有需求，哪里就有机会。客人的需求是酒店财富的源泉，客人的需求不断发生变化，酒店经营者应不断研究客人需求，按客人的需求改进和调整酒店产品和服务项目，创造新的赢利机会。

3）使酒店树立良好形象

急客人之所急，及时、准确地提供个性化服务，往往成为树立酒店良好形象的契机。恰到好处的个性化服务能使客人真切感受到酒店的关怀，体会到酒店以客人利益为重，从而将友好、周到的酒店形象深植于客人的心里。

4）使酒店获得竞争优势

酒店应为客人提供竞争对手不易模仿的、客人认为是重要的，在财务和经营中是可行的个性化服务。通过优质的个性化服务与客人建立个性化关系，形成客人对酒店的忠诚感，并利用良好口碑不断为酒店招徕新客人，以便取得竞争优势。

2. 提供个性化服务的原则

1）以优质核心服务为前提

酒店必须以优质的核心服务满足来店客人的最基本的需要。在此前提下，才谈得上提供个性化服务；忽视核心服务的质量而空谈个性化服务，是舍本逐末的做法，不可能满足客人的要求。

2）以客人需求为出发点

市场经济条件下，轻视客人需求无异于自掘坟墓。要不断研究酒店目标市场的需求，以“满足客人的一切正当需求”为准则，才能最终赢得市场。这就要求酒店从业人员要真正了解客人的需求，想客人之所想，以“诚”为本。

3）与酒店经营方向一致

酒店力图为客人提供舒适的住宿条件、幽雅的用餐环境和文明周到的服务，不断提高产品与服务的质量，提高客人的消费价值，提高客人感觉中的服务质量。酒店提供的个性化服务符合这个目的，才有助于实现酒店的经营目标。

4）体现酒店特色

酒店要明确、挖掘、发展自身优势，形成酒店的经营特色。个性化服务最能体现酒店的特色，给客人留下深刻、独特的印象，取得良好的营销效果。

5）注重社会效益

提供个性化服务要兼顾经济效益和社会效益，要注意适合我国国情，符合道德规范。对于客人的不健康要求，酒店必须坚决抵制。

案例赏析

以“世界最受欢迎的航空公司”著称的英国航空公司（以下简称英航），从20世纪80年代就向员工灌输：你必须超越乘客的期待，将品牌承诺的重点放在优良的设计、服务和创新方面，特别是在保护乘客的隐私、给予足够的空间和弹性等硬件条件方面，比竞争对手提供得更多。在满足乘客的基础之上再给予超越他们所期待的服务，是一项十分艰难的挑战，但为了比竞争对手更能吸引顾客，英航一直是不遗余力。在一班由约翰内斯堡起飞的班机上，一名看起来经济条件不错的中年白人妇女，被安排坐在一名黑人旁边。她发现了之后马上把空服员叫来，并且抱怨不已。“请问有什么问题吗?”空服员问道。“你没看到吗? 你们把我安排坐在这里，我可受不了坐在这种人旁边。再给我找个位子!”“请冷静，女士。”空服员回答，“今天班机客满，但是我可以去为你查查看在头等舱还有没有位置。”

几分钟后，空服员带着好消息回来了，那名女士沾沾自喜地看着周围的乘客。空服员说：“女士，很抱歉，经济舱已经客满了，我也向机舱服务长报告了这个消息，发现只剩头等舱还有一个空位。”不等那名女士说话，空服员接着又说：“在这种情况下将乘客提升到头等舱，的确是我们从未遇见的。但是，我已经获得机舱长的特别许可。然而机舱长考虑到这个特殊状况，认为这样安排有点不合情理了……”空服员接着转向那名黑人，说：“因此，如果你不介意的话，我们已经准备好头等舱的位置，请你移驾过去。”围的乘客这时都起立热烈地鼓掌，那名黑人就在一片掌声中移到头等舱了。

[评析]：面对种族歧视，英航的服务人员的服务技巧确实值得称道，一方面她既解决了顾客的问题，同时不仅没有让黑人感到不快，相反将头等舱让给黑人，大大超过了黑人的期望。个性化服务就是用爱心、诚心和耐心向消费者提供超越其期待的、意想不到的服务。换言之，就是比顾客想象的多做一点点。

8.3 宾客投诉处理

酒店是一个复杂的整体系统，宾客对服务的需求又是多种多样的。因此酒店无论如何经营有方，到了一定时间，总会有人对酒店的服务设施、设备项目及行动的结果，表示不满。酒店投诉管理的宗旨和目的在于不断采取措施，挖掘潜力，减少客人投诉，将客人投诉而造成的危害减少到最低限度，最终让客人化不满意为满意。这样的过程，就是酒店管理水平不断提升的过程。

8.3.1 宾客投诉的种类

从整个酒店经营和运作系统来看，容易被客人投诉的环节主要有以下几方面。

1. 酒店的硬件设施设备

此类投诉是指由于酒店的设施设备不能正常运行而给客人带来不便，引起客人投诉。它包括客人对空调、照明、供暖、供水、供电、家具、门锁、钥匙、管道、电器及电梯等设施设备的投诉。此类投诉一般占有很大比例。我国酒店与国际酒店相比，存在的突出问题之一就是设施设备保养不善，“未老先衰”。一些老店更是“千疮百孔”，常引起客人的投诉。当然，即使酒店采取了全方位的预防性维修与保养措施，也很难杜绝所有运转中的设施设备可能出现的故障。因此，前台工作人员在受理此类投诉时，最好是协同有关部门的工作人员去实地观察，然后根据实际情况，配合有关部门一起采取措施解决。

2. 酒店的软件服务

此类投诉是指服务人员在服务态度、礼节礼貌、服务技能、服务效率和服务纪律等方面达不到酒店服务标准或客人的要求与期望，引起客人的投诉。例如，服务人员对客服务过程中不主动、不热情、结账时间过长、出现差错及索要小费等。据调查，此类投诉一般占总投诉的一半以上。

3. 酒店的食品及饮料出品

此类投诉是指由于酒店食品及饮料出品方面出现的卫生及质量问题，如不清洁、过期变质、口味不佳等，引起客人的投诉。酒店的食品及饮料出品是除客房及其他设施、设备外另一重要的有形产品，此类质量问题直接影响酒店的声誉及其他服务产品的销售。

4. 酒店安全状况

此类投诉是指客人在酒店因人身安全、财产安全或心理安全受到侵犯而投诉。例如，因酒店管理不善而使住客在房间受到骚扰，客人的隐私不被尊重，客人的财物丢失等。

5. 酒店相应的规定及制度

此类投诉是指客人由于对酒店的有关政策规定及制度产生不满而引起的投诉。例如，对酒店内房价、预订、手续办理、通信、会客等方面的相应规定，表示不认同或感到不方便。此时，前台工作人员应努力为客人做好解释工作，指明这些规定是为了保障客人的利益而专设的；同时，在规定范围内，从多角度、多方面帮助客人，消除客人疑虑。在多次接到此类投诉情况下，酒店方面应不断加以归类总结，完善相应规定及制度，使其成为对客服务的更好依据。

案例赏析

某日下午1时左右，一位客人提着行李走出电梯，径直往行李台方向走去。正在行李台当班的服务员小付见到他就招呼说："张总您好，好久没见您了，今天怎么有空来了?"张先生回答说："昨天刚到的，住得挺好，生意也顺利地谈完了。下午我出去办点事，准备赶晚上6时30分的飞机回去，先把行李放在这里。"小付态度热情，一边说"好，您就把行李放在这儿吧"，一边从张先生手中接过行李。

"是不是要办手续?"张先生问。

"不用了，咱们是老熟人了，下午您回来直接找我取东西就行了。"小付爽快地表示。

下午4时，小付忙忙碌碌地为客人收发行李，行李员大李前来接班，小付把手头的工作交给大李便下班离去。

4时30分左右张先生匆匆赶到行李台不见小付，便对大李说："您好，我的一个行李箱中午交给小付了，可他现在不在，请您帮我提出来。"大李说："请您把行李牌给我。"张先生说："小付是我的朋友，当时他说不用办手续了，所以没拿行李牌，你看……"大李忙说："呦，这可麻烦了，小付已经下班了，他下班时也没交代这件事。"张先生焦急地问："你能不能给我想想办法?"大李回答："这可不好办，除非找小付，可他下班走了。""请你无论如何想办法帮我找到他，一会儿我要赶6时30分的飞机回去。"张先生有些着急了。"他不在宿舍，现在无法跟他联系"。电话寻找小付，一直没有结果。

8.3.2 正确认识宾客投诉

投诉是沟通酒店管理者与顾客之间的桥梁，对客人的投诉应该正确认识。投诉是把双刃剑，它可能会使被投诉的对象（有关部门或人员）感到不愉快，甚至受罚；同时接待投诉客人也不是一件令人愉快的事，对很多人来讲是一种挑战。但投诉又是一个信号，告诉我们酒店服务和管理中存在的问题。形象地说，投诉的顾客就像一位医生，免费为酒店提供诊断，以使酒店管理者能够对症下药，改进服务和设施，吸引更多的客人来到酒店。因此，管理层对于客人的投诉必须给予足够的重视。

案例赏析

108房客人李先生商务繁忙，午夜1：30他致电总机，要求凌晨5：30被叫醒。当班接线员做了记录，将客人房号及叫醒时间输入电脑。5：30，李先生房内的电话准时响了，李先生在熟睡中被惊醒，接起电话，电话里是音乐声。他放下电话，睡意仍浓，心想再睡5分钟。结果一睡误了李先生的大事，他贻误了航班，也错过一次非常重要的商务会议。李先生提出投诉，理由是酒店的叫醒服务没有叫醒他。

现代酒店业的先驱人物、喜来登酒店的创始人和经营者欧内斯特·亨德森（Ernest Henderson）先生有一句著名的格言是："在酒店经营方面，客人比经理更高明。"凡给喜来登总部来的信，他都要求给予及时的答复。无论是表扬信还是投诉信，都要转给有关经理阅读。对投诉信的处理尤其认真。他认为顾客的抱怨有不少是建设性的，是酒店制定政策和改进业务的依据。他喜欢运用"顾客意见征询表"来倾听客人的意见。一旦喜来登总部收到的投诉信件少了，他就指示用"顾客意见征询表"去主动征询客人的意见。具体而言，对酒店来说，客人投诉的意义表现在以下几个方面。

1. 有利于管理者提供发现问题

酒店的问题是客观存在的，但管理者不一定能发现。原因之一是"当局者迷，旁观者清"。管理者在一个酒店工作可能几年，甚至几十年，长期在一个环境中工作，对酒店的问题可能会视而不见，麻木不仁。而客人则不同，他们付了费用，期望得到与他们所付的费用相称的服务，他们也可能住过很多酒店，对酒店存在的问题，在他们眼里可能一目了然。原因之二是尽管酒店要求员工"管理者在和不在一个样"，但事实上，很多员工并没有做到这一点，管理者在与不在截然两样。因此，管理者很难发现问题。而客人则不同，他们是酒店产品的直接消费者，对酒店服务中存在的问题有切身的体会和感受，因此，他们最容易发现问题，找到不足。

2. 有利于改善宾客关系

投诉为酒店方面提供了一个改善宾客关系的机会，使其能够将"不满意"的客人转变为"满意"的客人，从而有利于酒店的市场营销。研究表明，"使1位客人满意，就可招揽8位顾客上门；如因产品质量不好，惹恼了一位顾客，则会导致25位客人从此不再登门"。因此，酒店要力求使每一位客人满意。客人有投诉，说明客人不满意，如果这位客人不投诉或投诉没有得到妥善解决，客人将不再入住该酒店，同时也将意味着失去25位潜在客人，无疑，这对酒店是个巨大的损失。通过客人的投诉，酒店了解到客人的"不满意"，从而为酒店提供了一次极好的机会，将"不满意"的客人转变为"满意"的客人，消除客人对酒店的不良印象，减少负面宣传。

3. 有利于酒店改善服务质量，提高管理水平

酒店可通过客人的投诉不断地发现问题、解决问题，进而改善服务质量，提高管理水平。

8.3.3 宾客投诉处理的程序

各个酒店有关投诉处理的规定各有不同，但综合起来，对处理投诉的程序要求可归纳为以下几个步骤。

1. 认真聆听客人的投诉内容

聆听客人投诉时也可以通过提问的方式弄清症结，集中注意力，节约对话时间，在聆听的过程中要注意以下几方面。

1）保持冷静

客人投诉时，心中往往充满了怒火，要使客人"降温"，不能反驳客人的意见，不要与客人争辩。对那些情绪激动的客人，为了不影响其他客人，不便于在公共场合处理，可请客人到办公室或其房间个别地听取意见，这样容易使客人平静。

2）表示同情

设身处地考虑分析，对客人感受表示理解，可用适当的语言和行为给予客人安慰，从而将其不满情绪转化为感谢的心情，如"谢谢您，告诉我这件事"、"对不起，发生这类事，我感到很遗憾"、"我完全理解您的心情"等。因为此时尚未核对客人投诉的真实与否，所以只能对客人表示理解与同情，不能肯定是酒店的过错。

3）充分关心

不应该对客人的投诉采取"大事化小，小事化了"的态度，应该用"这件事情发生在您身上，我感到十分抱歉"诸如此类的语言表示对客人投诉的关心，并把注意力集中在客人提出的问题上，不随便引申、扩大态势，不推卸责任。

案例赏析

某四星级酒店每年的3月为优质服务月，精通酒店服务与管理的邹先生受该酒店总经理的委托前去暗访，以检查优质服务月的具体效果。当邹先生乘坐的出租车停在酒店门口时，门童立刻迎上前来，正准备为客人拉车门时发现坐在副驾驶位置的客人正在付款，并索要发票，便没有马上拉前门，而是拉开后车门，

把客人放在后座的行李提了出来，然后站在前车门的位置，时刻准备着为客人提供服务。当邹先生放好零钱及发票，正准备打开车门时，门童已适时地拉开车门，并微笑着问候客人："欢迎光临，请问先生还有没有其他行李？"同时递给客人一张写有出租车号码的卡片，邹先生离开出租车后，门童正准备关上车门时，却发现前座上有一只漂亮的手机，便拿着手机对准备进酒店的邹先生说："先生您是否遗忘了手机？"邹先生一摸裤兜，忙说："哎呦，是我的手机，太谢谢你了。"门童将手机还给客人，并引领客人进入酒店，将行李递给门口的行李员。

行李员引领客人前往总台接待处办理入住登记手续。在邹先生办理入住登记手续之时，他始终恭立在邹先生身后，为客人看护行李。接待员在礼貌问候之后，询问客人有无预订，邹先生说已经预订了一个单人间，接待员随即请邹先生出示身份证证件，并熟练地为客人填写入住登记表上的相关内容，最后请邹先生签名，并预付押金。当邹先生拿到房卡和钥匙时，行李员快步走上前来，接待员悄声告诉行李员客人的房号。行李员对客人说："邹先生，请这边走。"引领客人来到601房间，简略地介绍了酒店一些较有特色的设施后，发现客人已将西装脱下，并随手扔在床上，便顺手将客人西装挂进壁橱里，并询问邹先生还有何需要。邹先生笑着说："不用了，谢谢你。"行李员便对邹先生说："祝您在本酒店居住愉快！"然后告辞离去。

2. 认真做好记录

边聆听边记录客人的投诉内容，不但可以使客人讲话的速度放慢，缓和客人的情绪，还可以使客人确信酒店对其反映的问题是重视的。同时，记录的资料也是为解决问题提供的根据。

3. 告诉客人措施和所需时间

把将要采取的措施和所需时间告诉客人并征得客人的同意。如有可能，可请客人选择解决问题的方案或补救措施。不能对客人表示由于权力有限，无能为力，但也千万不能向客人作出不切实际的许诺。要充分估计解决问题所需要的时间，最好能告诉客人具体时间，不含糊其辞，又要留有一定余地。

4. 采取行动，为客人解决问题

这是最关键的一个环节。为了不使问题进一步复杂化，为了节约时间，也为了不失信于客人表示诚意，必须认真做好这一环节的工作。如果是自己能够解决的，应迅速回复客人，告诉客人处理意见；对真正是酒店服务工作的失误，应立即向客人致歉，在征得客人同意后，作出补偿性处理。客人投诉的处理超出自己权限的，须及时向上级报告；的确暂时不能解决的投诉，要耐心向客人解释，取得谅解，并请客人留下地址和姓名，以便日后告诉客人最终处理的结果。

5. 检查落实并记录存档

现场处理完客人的投诉，事后还要及时与客人取得联系，检查、核实客人的投诉是否已圆满地得到解决；并将整个过程写成报告，并记录存档，举一反三，以利于今后工作的完善。

在处理客人投诉的全过程中，要坚持做到三个不放过：事实不清不放过；处理不当，客人不满意不放过；责任人员未接受教训不放过。

知识链接

顾客永远是正确的

“顾客永远是正确的”这一口号，最早是1876年由现代酒店业的先驱斯塔特勒先生提出的。当时他年仅13岁，在一个小城镇的小酒店当服务员。一天，一位客人气冲冲地从餐厅来到总台，与总台人员就餐厅服务员的服务态度问题争论不休。总台工作人员以为他喝醉了，神志不太清醒，于是说：“我对那人（指餐厅服务员）的了解超过对你的了解。要说谁是谁非，我想他是正确的。”客人听完这话，二话不说，回到房间，提起行李，办理手续，离开酒店。亲眼目睹这一切的斯塔特勒在他随身携带的笔记本上写了一句话。当酒店经理走过来，问他写了什么时，他把笔记本举起，请他过目。上面写着的正是“顾客永远是对的”这几个字。经理不太同意斯塔特勒的意见，斯塔特勒回答说：“我的意思是服务人员在任何情况下都不应该跟客人争吵。”他后来又补充说：“不管怎么样，酒店失去了一名顾客总是事实。”如今，斯塔特勒先生当年提出的口号不仅在酒店业，而且在其他所有服务行业；不仅在美国，而且在世界各国，都已经成为服务性行业工作人员身体力行的行动准则，也是接待投诉的首要原则。

8.3.4 宾客投诉的预测与防范

如果客人大量投诉，就会降低和损害酒店的声誉，从而影响酒店的经营活动及经营效益。为此，酒店应在营运管理中注意易投诉的环节，掌握满足客人要求的方法和技巧，并采取相应的预防措施。

1. 加强同客人的沟通

借鉴英国和美国成功的酒店经营理念，国内酒店应在前台、客房和餐台提供宾客意见表，搜集客人书面的投诉及建议，并定期进行市场调查、新客源及丢失客源调查等。通过加强同客人的沟通可以扩大了解投诉的渠道，最大限度地及时掌握客人的满意程度，缩小客人投诉态势的发展，增强改进工作的主动性。

知识链接

与客人沟通的语言技巧

员工应该学会一些技能以便在与客人沟通时，知道如何更好地行使酒店授予自己的权利。有些词语和语句在任何时候都应尽可能避免使用。员工可以采用其他的方式表达同样的意思，与顾客沟通的语句示例（表8-1）。

表8-1 与顾客沟通语句示例

避免说的语句	替代使用的语句
我不知道	这是一个很好的问题，请让我为您寻找答案
我们不能这样做	我以前没有遇到过这种问题，让我试试看，我会找到一种能让您满意的解决方案
你必须这样做	下一次您就可以这样避免出现该问题
这是酒店的规定	我想处理这种情况的最好的办法就是……
不行	我们不能降低您的房价，但我们可以向您提供更高档次的客房
这不关我的事	负责这件事的人是×××，请让我去找找他

2. 注意改善服务质量

可以通过加强服务人员的思想教育、业务及技能培训，增强其礼貌修养，改进其服务态度，提高其工作责任心，最终提高服务质量和工作效率。

3. 加强设备设施管理，注重酒店产品的质量

要建立完善的管理体制，制定具体的有关设备设施的管理、维修、保养，以及控制酒店产品质量的方案、计划；同时，还要不断提高工程维修人员的技术及技能水准，保证维修质量，加强酒店产品的质量控制，并实施定期的监督和检查。

知识链接

多样化的意义

良好的客户服务不仅需要酒店向员工授权，还需要在酒店中形成一种文化，这种文化要求对客人给予充分的了解和理解。客人的多样性使得酒店中的所有员工都应该重视人的差异性，这是很重要的。大多数享有盛名的酒店对它们所有的员工都进行多样化培训。多样化培训教育员工必须理解和重视人的差异性。美国劳工部预计，到2050年少数民族群体在美国人口中所占的日比例将接近一半。帮助员工克服一些旧习可以确保没有哪位客人会感到自己受到不同的对待。过去，种族歧视、大男子主义、种族主义，以及一些其他的旧习形成了一种让客人和员工都觉得很不舒服的环境。现在，酒店的经理会教育其员工去尊重这些差异，他们通常会通过招聘不同类型的总台员工，作出表率从而树立一个榜样以领导其他员工。总台的员工由不同的民族、性别、年龄和种族背景的人组成，反映了管理人员对多样化的理解。多样化的客人群体无疑会更乐于接受由总台多样化员工所提供的服务。

4. 做好酒店的安全控制

做好酒店的安全控制，即做好酒店内各部位消防和治安的监督与控制工作，制定严格的规章制度，采用各种控制手段，避免火灾的发生，维护好酒店的治安环境，从而保障住店客人的人身及财产安全。

5. 建立客人投诉档案

可以通过大堂副理日志等形式记载投诉情况，并定期由专人整理，形成酒店全面质量管理的依据，以便做好总结、反思工作，防止此类投诉的再次发生。

8.4 客史档案管理

孙子兵法中讲到：知己知彼，百战不殆。这种作战的兵法同样适用于酒店行业。酒店通过不断完善客史档案的内容，掌握客人的需求信息，做好预先服务、现场服务和反馈服务，不断提高顾客满意度，最终实现酒店利益最大化。

8.4.1　客史档案的作用

1. 提高顾客忠诚度

宾客入住时需要登记个人信息，因而了解了宾客的年龄、住址等资料。同时在宾客到店消费时，通过消费记录掌握客人的消费需求，整理成册，定期回访。当客人的需求得到满足，感受到酒店的重视程度，就会提升顾客忠诚度。

案例赏析

入住某酒店的几位客人，晚饭后，在酒店的夜总会包厢唱歌，当晚客人忘记开发票。第二天早餐后，客人到夜总会补开发票，可夜总会还没有开始营业无法给客人开发票，客人要赶飞机，焦急万分。大堂副理了解情况后，让客人留下具体地址，三天后客人在异地城市收到了装有发票的快件。这几位客人和单位的同事、朋友，从此成为该酒店的忠诚客户。

2. 便于对客人提供个性化服务

利用酒店的客史资料，了解不同客人的需求、喜好，及时为客人提供个性化服务，增加酒店人情味服务的标准化、规范化，这是保障酒店服务质量的基础，个性化服务则是服务质量的灵魂。要提高服务质量，必须为客人提供更加富有人情味的、突破标准与规范的个性化服务，这也是酒店发展的必然趋势。

知识链接

口语与身体语言的运用

在与国际宾客交流的过程中使用通俗口语也可能出现问题，因为这些词一般在其他国家是不会用到的，在英语辞典上也不容易查找到。酒店的员工不要犯这样的错误——很大声地说话或说得很慢，因为这样会让客人觉得员工是抱着一种硬要人家领情的态度。然而，当涉及不同的文化时，身体语言也会产生一些其他的误解。例如，在日本，身体语言是问候中不可分割的一部分。当日本人向别人问候时他们通常会鞠躬。美国则会伸出双臂来握手，相互之间很熟悉的美国人甚至可能还会拥抱。大多数熟悉美国文化的日本人会对握手感到习惯，但对于拥抱，他们中没有几个人知道其中的礼节和方式。前厅员工需要注意这些文化上的差异。

8.4.2 客史档案的内容

建立客史档案是酒店了解客人、掌握客人的需求特点，从而为客人提供针对性服务的重要途径。客史档案是一个珍贵的工具。建立客史档案对提高酒店服务质量，改善酒店经营水平具有重要意义。

客史档案包括常规档案、预订档案及消费档案。

（1）常规档案：客人姓名、性别、年龄、出生年月、婚姻状况及通信地址、电话号码、公司名称、职务等。收集这些资料有利于了解酒店目标市场基本情况。

（2）预订档案：客人的订房方式、订房数量、订房时间、订房类型等。

（3）消费档案：房间价格、客人入住房间、餐费、商品、娱乐等项目，以及喜欢的房间和娱乐方式。从而了解客人的消费水平、消费喜好，习俗、爱好、反馈意见档案等。

8.4.3 客史档案的管理

1. 客史档案的运作程序

建立新的客史档案需要注意以下几方面。

（1）按要求或在宾客离店后，前台接待处把入住登记卡、酒店电脑系统内有关该客人的全部信息资料输入或建立新的宾客历史档案系统。

（2）预订处在建立新的客史档案后，需在该客人的酒店电脑历史账户中的宾客姓名末端注明新的客史编号，表明该客人在酒店存有客史档案。

（3）酒店各营业部门在电脑历史账户中，可按照该客人客史档案编号或客人姓名，进入该客人的客史档案查询或其他有关内容。

2. 客史档案的使用

客史档案信息的使用对每一个营业部门的服务水准至关重要，各部门应在当天打印出次日抵店的客人报告，对那些有客史档案记录的宾客需跟进以下内容的有关细节。

1）销售部预订处

（1）按照次日抵店的报告，查找出有相关客史档案的客人。

（2）按客史要求预分宾客所需的房间类型及特定房号。

（3）派发“宾客客房用品申请表”至有关部门。

（4）通知客户关系主任安排相关客人的生日、结婚纪念日的所需贺卡及礼品。

（5）在电脑中准确输入房价并按客人的特殊要求输入服务代码。

(6) 仔细检查客史档案中，客人在上次住店期间是否曾有过不愉快的意见、投诉和事故等。

2）前台接待处/行李部

(1) 按照预订单的要求，核查并预分相应的房间类型及房号。

案例赏析

一位满口流利华语的英国客人在某酒店总台办理入住登记，接待员刚入职不久，在与客人的沟通中了解到他是第二次到本酒店入住，客史档案中记载了这位英国客人的生活习惯和喜欢住的房型及使用的物品等。接待员按照客人喜好的中式客房和一厚一薄的枕头等物品需求，很快办理妥当。当客人进入房间后，满意地对行李生说：“你们的服务太细致了。”

(2) 根据客人的客史记录完成预先登记工作，以方便为客人提供快速入住登记服务。

(3) 检查该客人在酒店是否有行李寄存的记录，以便在客人入住时及时提醒客人。

3）管家部

(1) 在客人抵店前，根据客人的喜好，摆放相应的房间及卫浴用品。

(2) 根据客人的习惯及特殊要求，放置其他物品（如额外的毛毯、毛巾、枕头、硬板床或多功能插座等）。

(3) 查询客人是否有遗留物品记录，并在客人入住时及时通知客人认领。

(4) 留意客人洗衣的特殊要求与收取客衣的时间。

(5) 留意客人要求清洁房间与夜床服务的时间及特殊要求。

4）销售部

(1) 核查客人此次入住的房间类型、房价及预订来源。

(5) 根据客人抵店的时间，指定有关销售人员在客人抵店时，迎接客人并适时地进行销售拜访和意见的征询工作。

5）餐饮部

(1) 根据客人的习惯与口味，安排适当的菜式、酒水及用餐环境。

(2) 根据客人的喜好，可提前指定安排相应的厨师、餐厅服务人员，做好届时为客人服务的准备工作。

(3) 宴会销售经理或餐厅经理在客人抵店前，应查阅该客人在客史档案中有关餐饮的全部记录，及时对餐饮部的有关部位进行安排与落实，以做好餐饮服务的跟进与意见征询工作。

案例赏析

某酒店有一位常住客人喜欢熬夜不吃早餐，可每次住店，上午不到10点客人就到中餐厅要求吃午餐，此时，中餐厅早餐已结束，中餐还没有开始，双方都很尴尬。中餐厅管理人员在客史档案中记录了客人的习惯后，只要这位客人入住酒店，中餐厅服务员就在早餐收餐前帮他准备好一份放入保温箱，等他就餐。

3. 客史档案的更新与维护

客史档案存档系统的更新与维护，是每一个对客服务部门应有的责任，必须充分认识到这能随时掌握客人的通信与联络地址，以利于适时地向客人推荐并销售酒店的产品，增加营业收入。还能够随时清楚地了解客人的习惯、喜好与其他相关信息，有利于在增加客人满意感的同时，能提供超越他（她）们愿望的服务。

1）更新客史档案的渠道

每一位员工都有责任在适当的时间、采取适当的方式收集客人的相关信息资料，并及时反馈给本部门的客史档案库的管理人员，以及时更新该客人的资料。

（1）销售部销售人员、餐饮宴会销售人员、前台大堂副理与客户关系主任，以及各部门的一线人员应适时与客人沟通并征询客人的意见。

（2）客人的名片、意见书和问卷调查。

（3）大堂副理日志、电话记录、销售部与餐饮部的销售拜访记录及酒店各部门交接班日志。

2）各部门客史信息的沟通方式

（1）各部门管理人员负责将所收集到的信息，及时反馈给本部门的客史档案管理员处，以完成对本部门客史信息的更新与存档工作。

（2）各部门若需查询客人在酒店其他部门的信息资料，则需在本部门的管理人员授权后，方可在本部门的电脑终端上查询有关资料。

（3）各部门在每个月底前需完成对本部门的宾客历史档案清理与核查工作。

知识链接

客史档案的信息内容

酒店各部门客史档案库的信息收集、更新与存档可参照以下内容。

1. 前台
(1) 客人的姓名/性别/国籍/籍贯。
(2) 客人的职位。
(3) 公司名称/地址。
(4) 护照/身份证号码。
(5) 联系电话/传真/电子邮件。
(6) 出生日期/结婚纪念日。
(7) 房间的预定与确认方式（传真/电话/电子邮件/商业信函）。
(8) 喜欢的房间类型/房号。
(9) 房间价格/预订来源。
(10) 喜欢的欢迎礼品（鲜花/水果/酒水等）。
(11) 付账方式/消费总额。
(12) 抵离日期/房间号码。
(13) 客人的意见与投诉。
(14) 行李寄存记录。
(15) 客人所喜欢的店外服务项目。
2. 餐饮部
(1) 客人喜欢的餐厅/菜式/酒水/饮料。
(2) 用餐的氛围/个人习惯。
(3) 用餐的价位/折扣。
(4) 客人喜欢的厨师/餐厅服务员。
(5) 特殊要求的餐台摆放/餐具。
3. 销售部
(1) 房间的预定与确认方式。
(2) 预订来源。
(3) 房间的种类/价格。
(4) 客人的职务/公司名称。
(5) 公司地址。
4. 管家部
(1) 客人喜欢的客房用品/卫浴用品。
(2) 要求清洁房间和夜床服务的时间与次数。
(3) 客人喜欢房间清洁的方式和物品摆放的位置。
(4) 客衣洗涤的特殊要求及有关注意事项。
(5) 客人喜欢收取/送回客衣的时间。
(6) 客人喜欢送回客衣的方式（折叠、挂架等）。
(7) 其他特殊要求（额外的枕头、毛巾、毛毯、变压器和多功能插座等）。

4. 客史档案的删除

为了确保客史档案的价值性，需定期对酒店宾客档案库进行信息资料的清理和删除工作，该项工作由前台接待处在酒店其他部门的配合下负责完成。

（1）由申请部门填写需删除客史档案的“客史档案删除记录”，并注明有关内容，报所在部门经理审批。

（2）将“客史档案删除记录”和该客人的全部客史档案资料交至前厅经理查阅。

（3）经前厅经理批准后，预订处在该客人的“宾客历史档案卡”上加盖“purged”（删除）印章，同时将审批过的“客史档案删除记录”附订在档案卡片的正面。

本章小结

● 前厅加强与酒店其他部门的沟通与协调是前厅自身和酒店各部门正常运转和发挥作用的重要保证，前厅应给予充分重视，运用多种形式与酒店各部门进行沟通和协调。

● 处理投诉是一件不愉快的工作，尽管如此，客人的投诉引起酒店对所有存在的问题的注意。酒店要重视宾客关系，宾客关系是反映酒店服务质量的晴雨表，它最能反映酒店服务质量的突出问题和薄弱环节。

● 客人投诉向酒店提供了改善“服务质量”的机会，酒店管理者应把处理好投诉当成事关酒店生死存亡的大事，认真处理，积极预防，从而把不满的客人变为满意的回头客。

思考题

一、单选题

1.（　　）主要是在大堂负责与客户沟通，替客户做一些问讯解释工作，做好客户的关系维护作用。

A. 大堂副理　　B. 客户关系主任　　C. 前厅经理　　D. 餐饮部经理

2. 客户关系主任应具有（　　）的性格，因为他们处于酒店接待客人的最前线，需要每天与各种客人打交道，提供面对面的服务。

A. 外向　　B. 腼腆　　C. 内向　　D. 羞涩

3. 语言，特别是服务用语，是提供优质服务的（　　）。

A. 基础　　B. 要求　　C. 前提条件　　D. 关键

4.（　　）是指酒店全体员工在与一切企业利益相关的人或酒店的交往中，所体现的为其提供热情、周到、主动的服务的欲望和意识。

A. 服务要求　　B. 服务态度　　C. 服务热情　　D. 服务意识

二、判断题

1. 客户关系主任必须具有良好的品德，正派、诚实、责任心强。（　　）

2. 良好的仪容仪表代表了客户关系主任对企业和工作的热爱，对客人的尊重，反映了酒店高品位的服务水准。（　　）

3. 客户关系主任的能力要求是语言交际能力和广泛的知识面。（　　）

三、简答题

1. 简述树立良好服务意识的七要素。
2. 顾客需求的定义是什么？
3. 顾客需求的特点有哪些？
4. 顾客需求的类型有哪些？
5. 顾客需求的管理策略有什么？

四、论述题

1. 论述个性化服务的定义和原则。
2. 大堂副理的作用是什么？

9

前厅信息管理

内容概要

1. 客情预测及传递
- 近期预测；
- 每周预测；
- 翌日抵店客人预测。

2. 前厅信息沟通
- 前厅内部沟通；
- 前厅与其他部门沟通。

3. 前厅信息沟通协调的渠道
- 报表、报告和备忘录；
- 日志、特别记事簿；
- 会议；
- 计算机系统。

4. 前厅信息沟通的障碍及纠正方法
- 前厅信息沟通的障碍；
- 纠正方法。

学习目标

（1）了解前厅客情预测及传递的常见做法。

（2）熟悉前厅内部信息沟通。

（3）根据已学的前厅信息沟通的知识，找出适合的信息沟通的工作方法。

信息是管理的重要资源，而信息的获取则是现代管理的重要职能之一。前厅作为旅游饭店的信息中心，承担着收集、加工、处理和传递饭店各种经营信息的职能，是饭店各职能部门获取经营信息的重要来源。及时、有效地将获取的信息传递给相关职能部门，是饭店提高服务质量、赢得客人满意的有效途径。

案例赏析

张先生曾讲过这样一段亲身经历。

在泰国曼谷，清晨饭店一开门一名漂亮的泰国小姐微笑着和我打招呼："早，张先生""你怎么知道我姓张?""我们饭店楼层的当班小姐要记住本楼层客人的名字。"我心中很高兴，乘电梯到一楼，门一开，又一名泰国小姐站在那："早，张先生。""你也知道我姓张?""张先生，是上面打电话说您要下来了。"原来她们腰上挂着对讲机。于是，她带我去用早点，餐厅的服务员都尽量称呼我张先生。这时来了一盘点心，点心的样子很奇怪，我就问服务员中间那个红红的是什么？这时我注意到一个细节，那个小姐看后，后退一步，然后说是什么。我又问黑的部分是什么，她还是这样做的。这个后退一步就是防止她的口水溅到菜里。我退房离开时，刷卡后她把信用卡还给我，然后说："谢谢您，张先生，真希望第七次再见到您。"原来那是我第六次入住该饭店。三年过后，我再没去泰国，有一天收到一张卡片是他们饭店寄来的："亲爱的张先生。三年前的4月16日您离开后，我们再没见过您，公司全体上下很想念您，下次经过泰国一定来看看我们。"下面写的是：祝您生日快乐！原来写信那天是我的生日。

这种优质的服务无疑赢得了一位顾客的心。

[评析]：顺畅的沟通协调机制和完善的客户管理体系是饭店优质服务的前提。饭店的对客服务是具有整体性和系统性的工作，并不能只靠一个人或一个部门可以解决，因此饭店各部门之间要保持工作上的沟通及联系，相互协作，共同做好对客沟通，协调好宾客关系，保证饭店经营管理的成功。

9.1　客情预测及传递

客情预测表是反映未来一段时间内预订客人的基本信息的表格。通过预测酒店的客源情况，然后根据酒店自身的接待能力开展相关的营运活动，更能达到经济效益和社会效益双丰收的目的。按照时间划分，客情预测及其传递一般要经过三个阶段，即近期预测、每周预测与翌日抵店客人预测。

9.1.1 近期预测

近期预测一般指半个月或一个月以上的预测。一般只需统计预订客人的数量、每天所需的房间、VIP 或团队会议情况等内容，在每月初或月中打印成预测表传递给有关部门（如饭店总经理办公室、客房部、餐饮部、销售部、财务部等），以便各部门管理人员掌握未来一段时间的预订动态，分析客房销售情况，为市场开发和客源组织提供决策参考，还可据此做好近期接待计划和设备物资准备（特别是住宿高峰期或物资紧缺时，防止接待时措手不及，影响服务质量）。

9.1.2 每周预测

前厅预订处应提前一周将未来每天的客人人数、用房类型、团队会议及 VIP 等信息进行统计并制作一周客情预测表（表 9-1），一式多份，分送有关部门（如饭店总经理办公室、餐饮部、客房部、财务部、工程部等），以做好接待准备，也可建议召开由总经理或驻店经理主持的协调会，以做好重大活动的接待。

表 9-1　一周客情预测表

年　月　日

项目/预测数/时间	特级套房		甲级住房			标准客房			用餐			备注
	团体客人	重要客人	团体	散客	重要客人	团体	散客	重要客人	早餐	午餐宴会	晚餐宴会	
一												
二												
三												
四												
五												
六												
七												
合计人数												
合计房数												
预测预订总数						预测房租收入 制表人						

9.1.3 翌日抵店客人预测

在客人抵店前夕，将具体的接待要求（包括客人姓名、用房类型、优惠条件、接待规格等）提前通知相关部门（如前台接待处、客房部、餐饮部、财务部等），制作VIP接待通知单（表9-2）、接站单、订餐单、翌日抵店客人名单（表9-3）、鲜花和水果篮通知单及团队接待通知单（表9-4）等。

客人抵店当天早上，接待员根据抵店客人名单，提前预分好房间，并把钥匙信封、住房登记表准备好。将有关细节通知有关部门，以做好接待，共同完成客人抵店前的各项准备工作。

表9-2 VIP接待通知单

VIP arrival report

name 姓名	
designation 职务	
company 公司	
arrival date 到店日期	time 时间
departure date 离店日期	time 时间
purpose of visit 访问目的	
arrival reception 到店接待 1. ________ MD 董事长________ GM 总经理________ DGM 副总经理 to meet 2. photographer 摄影师________________________ 3. other requirements 其他要求________________________ ____ 4. VIP amenities 礼节________________________ ____	
departure 离店	
originating dept 要求部门	date 日期
remarks 备注	

表9-3 翌日抵店客人名单

年 月 日

预定号	客人姓名	房号	房间类型	到达时间	航班	离店日期	备注

表9-4　团队接待通知单

年　月　日

姓名________　国籍________　人数________
旅行社________________
抵达日期________________
离开日期________________
单人________房租________双人________房租________
三人________房租________套房________房租________

三餐
早餐________________________________
午餐________________________________
晚餐________________________________

备注________________________________
____
____
送往
总台　　旅行社　　餐饮部　　客房部

9.2　前厅信息沟通

前厅作为酒店信息和“神经中枢”，必须及时与酒店各个部门进行有效联络，通过各种方式，加强沟通和协调，以确保酒店每个部门、每个环节都能高效运转，保证酒店对客服务的整体质量。

9.2.1　前厅内部沟通

前厅内部沟通协调是指前厅所属的客房预订、入住接待、问讯、大厅服务、总台收款、电话总机、商务中心等各环节的相互沟通协调，并按照已制定的服务操作程序及服务质量标准，共同为客人提供到位的服务，以免因工作脱节而造成客人无人应接或无人服务的现象发生。有效的内部沟通协调也有助于前厅更好地发挥销售客房这一首要功能。主要体现为以下几方面。

1. 接待处与客房预订处的沟通协调

接待处应每天将实际抵店、实际离店、提前离店、延期离店等房数，以及临时取消客房数、预订但未抵店的客人用房数和换房数，书面通知客房预订处，预订员应根据上述信息及时更新预订总表，确保预订信息的准确性。而客房预订处也应每天将已延期抵店、实际取消及反映次日抵店客人用房的资料，书面通知接待处，以尽最大限度地销售及最大限度地满足客人的接待要求。

案例赏析

某日，有一个德国团队共20人入住××酒店，由于航班晚点，客人凌晨一点才抵店，又由于旅途劳顿每个人显得很疲惫。因为该团队没有办理团队签证，前台接待员趁旅行社陪同分配房号之际，将“临时住宿登记表”发送至每一位客人手中，然后逐个查验护照和签证。尽管如此，收回的登记表中有很多栏目填写的不清楚，有的甚至没有填写。正在这时，客人开始认领各自的行李，并纷纷要求到房间休息。接待员和协调员此时只得让客人进房休息。

第二天早餐时间，前台接待员让楼层服务员在客人用餐后回房时，及时通知自己。待客人用餐后将未填写清楚的登记表一一填写清楚，从而使团队情况及时、准确地发送至主管部门。

思考： 1. 此案例是否体现了部门之间的沟通？

2. 登记表为什么有必要填写清楚？

2. 接待处与总台收银处的沟通协调

接待员应及时将为入住客人所建的账单交总台收银处，以便收银员开立账户、累计客账。若住客房或房价发生了变化，也应及时书面通知。同时，两个岗位的夜审人员应就白天的客房营业情况进行细致、认真的核对，直到双方认为其客房数额准确无误。客人结账后，总台收银处也应立即将客人已结账的消息通知接待处，以便接待员更改其客房状态，通知客房中心整理、清扫，以再次销售。

另外，总台收银处与预订处之间主要就客人的订金问题进行有效的沟通协调，以接待好保证类预订的客人。

案例赏析

有三位客人在一家四星级酒店豪华餐厅用餐，他们点菜的时候，服务员在账单上记下他们所点的菜。这三位客人吃完后，他们到餐厅收款处各自结账。张先生是本地一家商贸公司经理，他经常在此用餐，所以要求把餐费104元计入他的账户（他预先在酒店立有账户），因而只在餐厅账单背面签个名就离开了餐厅。李先生是这个酒店的客人，他在账单背面签上他的名字及房间号码，收银员把他的餐费304元记入他的账户。第三位是刘女士，她也把餐费54元记入自己在酒店的账户。

每位客人在收银处结账时，每笔款项都是在收银机上处理。午餐营业结束后，收银员要替张先生填写一份非住店客人结账单，再替李先生和刘女士填写一份住店宾客结账单，并从餐厅送至前厅。另外，餐厅还在其营业日志上记载其营业情况，以便监督及分析营业状况。

当账单交到总台，总台的收银员把刘女士和李先生的餐费记入各自的账户，把张先生的餐费记入他的非住店客人账户，并把那几张结账单存档。当晚，财务部会计检查一整天的业务情况与记账情况，发现在李先生的账户下略有不符之处，查实后发现，李先生的餐费应为304元，而不应是340元。会计填写了一份更正凭单，并把准确数字填入李先生的账户中。同一天晚上，会计完成了非住店宾客赊账消费清单及整个酒店的营业日报表。根据这些材料及现金和其他有关的资料，会计写出了当日营业报告（包括应收款项、现金收入情况、总营业收入和其他统计数字）。

第二天早上，李先生和刘女士都到总台结账，总付款包含着餐费。商贸公司的张先生也于月底结算了他的赊账。

思考：本案例中出现了哪些部门间的沟通？使用了什么样的报表？

9.2.2 前厅与其他部门沟通

前厅饭店接待服务活动的枢纽是饭店其他部门的信息源，也是饭店管理机构的参谋和助手。前厅与饭店其他主要部门的沟通协调如下。

1. 前厅与营销部间的沟通协调

饭店营销部对长时期的、整体的销售，尤其是团体/会议的客房销售负责；而前厅则对零星散客，尤其是当天的客房销售负责。

（1）双方进行来年客房销售预测前的磋商，尤其是对团队/会议的客房销售负责；而前厅则对零星散客、尤其是当天的客房销售负责。

（2）营销部将已获准的各种预订合同副本递交前厅客房预订处。

（3）营销部将团队/会议客人的预订资料及用房变动情况资料及时递交预订处。

（4）总台以书面形式向营销部通报有关客情信息，如“一周客情预测表”、“翌日抵店客人名单”、“VIP团队、会议一览表”等。

（5）总台向营销部了解团队、会议活动的日程安排情况等，以便解答客人的询问及提供所需的服务。

2. 前厅与客房部间的沟通协调

（1）递交“一周客情预测表”、“贵宾接待通知单”、“在店贵宾、团队表”、“翌日抵店客人名单”、“预期离店客人名单”等，以书面形式将客情信息通报客房部（或客房中心）。

（2）及时通报客人入住和退房情况，可借助于直拨电话。

（3）团队/会议客人抵店前，递交“团队、会议用房分配表”，以预留好客房。

（4）递交“特殊要求通知单”，以通知客人对客房及有关服务的要求。

（5）递交“客房、房价变更通知单”，以通知客人用房的变动情况。

（6）递交有关客房状况的报告，以协调好客房销售（前厅职责）与客房管理（客房部职责）之间的关系。

（7）客房部应及时将走客房内所发现的客人遗留物品情况通知总台。

（8）客房部应根据指令派楼层服务员前去探视对叫醒无反应的客人。

（9）客房部应及时向总台通报客房异常情况。

（10）客房部应安排楼层服务员协助前厅行李员运送抵店的团队行李（尤其是住客不在客房时）。

（11）前厅应积极参与客房清扫保养质量的检查。

（12）前厅与客房部互相进行交叉培训。

3. 前厅与餐饮部间的沟通协调

（1）每周递送“客情预测表”。

（2）每天以书面形式通报有关客情信息。

（3）以书面形式通知预订客人的用餐特殊要求及房内布置要求（鲜花、水果篮等）。

（4）娴熟掌握餐饮部各营业点的服务内容、服务时间及最新收费标准。

（5）协助餐饮部向客人发放餐饮推销活动的各类宣传资料，如饭店在中秋节举办“迎月”、“赏月”、“追月”的促销活动资料。

（6）从餐饮部宴会预订处获取“宴会/会议活动安排表”，以帮助促销。

4. 前厅与财务部间的沟通协调

为确保客房收入的及时回收，前厅应做好与财务部，包括总台收银处之间的沟通协调。

（1）总台递交已抵店散客的账单、登记表及压印好的信用卡签购单（客人以信用卡支付的）。

（2）总台递交已抵店团队客人的主账单。

（3）递送“客房、房价变更通知单”、“长途电话收费单”、“预期离店客人名单”、“在店客人名单”等客情信息资料。

（4）递送邮票售卖记录，以交财务部审查。

（5）每日就客房营业情况的夜审进行细致核对，确保准确。就信用限额、预付款、超时房费收取，以及已结账客人挂拨长途时再次收费等进行有效协调。

5. 前厅与总经理室间的沟通

（1）定期呈报“客情预测表”。

（2）递交“贵宾接待规格审批表”及“贵宾接待通知单”。

（3）每日以书面形式通报有关客情信息。

（4）饭店免费、折扣、订金、预付款、客房信用政策及客房销售政策的呈报与批准。

（5）转交有关邮件及留言等。

（6）了解总经理的值班安排及去向，以提供传呼找人服务。

6. 前厅与其他部门间的沟通协调

（1）递送“维修通知单”（工程部）。

（2）沟通协调客房钥匙遗失后的处理信息（工程部、安全部）。

（3）了解各部门经理的值班安排及去向。

（4）出现突发事件时的沟通协调。

（5）前厅新服务员的上岗（人事部、培训部）培训，以确保应有的对客服务的水准。

9.3 前厅信息沟通协调的渠道

沟通就是相关对象之间所进行的信息传递与反馈双向交流的过程。通过有效的沟通，可以争取到上级的支持照顾、同级的默契合作、下级的理解帮助及社会的同情欢迎，以更好地完成各自的服务任务，化解和克服彼此间的矛盾冲突。在酒店的运行过程中，常见的沟通协调渠道有下列几类。

9.3.1 报表、报告和备忘录

前厅部际沟通多采用此类方法，其中报表包括各种营业统计报表，营业情况分析、管理报告等；工作报告包括按组织机构管理层次逐级呈交的月度工作报告，即不定期由下级向上级报告某一项特别工作的进展情况等；而备忘录则是饭店上下级之间、部门间沟通协调的一种有效工具，可包括工作指示、请示、汇报、建议和要求等。

9.3.2 日志、特别记事簿

工作日志、特别记事簿是对客服务的备忘录，是各班组间的联系纽带，其主要用来记录本班组工作中发生的重大问题，尚未处理完的需下一班组继续处理的事宜或对客服务等。前厅各环节和各班组均需建立备忘录制度，以确保其对客服务的沟通协调畅通。

9.3.3 会议

举行各种类型的内部会议是协调联系、及时传递指令和信息的有效方法。无论是由总经理或驻店经理召集的各类指令会、协调会，还是各部门的班前、班后的各项例会，都为饭店对客服务的沟通与协调发挥了很大的作用。

9.3.4 计算机系统

计算机系统是饭店沟通协调和信息处理的一个先进的重要手段，其中包括饭店经营活动中各类数据的收集统计、分析处理、储存、传输及显示等，它能使沟通更为迅速且有效。常用的酒店计算机管理系统，如图 9.1 所示。

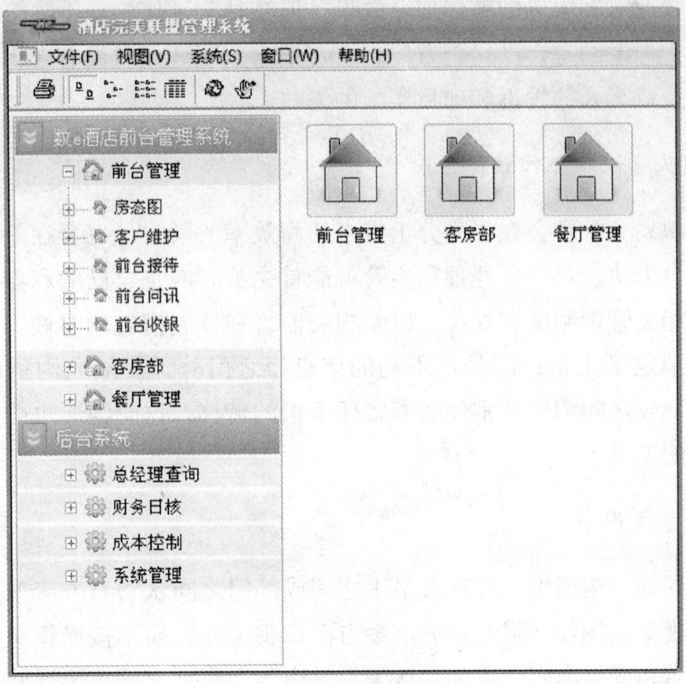

图 9.1 酒店计算机管理系统

9.4 前厅信息沟通的障碍与纠正方法

前厅是酒店业务活动的中心，由于信息沟通不畅所引发的各种问题也层出不穷，为了提高前厅信息沟通的畅顺及有效管理，所以应了解信息沟通的障碍，给予正确的纠正方法。

9.4.1 前厅信息沟通的障碍

1. 个人（本位）主义严重，相互拆台

饭店是一个相对晋升比较缓慢的行业，特别是单体饭店在职位上升方面存在着较大的瓶颈。同时，饭店基层工作相对来说也具有很强的重复性。因此，在一定程度上难免出现员工为竞争晋升及表彰机会而互相拆台的现象。饭店在人员职业道德及职业素质方面如果缺乏较好的培训和监督机制，就会影响部际之间信息沟通的效果。

2. 彼此缺乏尊重与体谅

饭店处处强调对客服务的整体配合效果，但在日常工作中，不少管理人员在设计服务流程时首先考虑的是自己是否方便，或在推出一项计划时没有考虑其他部门的实际情况，从而造成客人的投诉和项目实施的失败。

3. 缺少团队意识和合作精神

饭店的组织划分常常会在提高分工带来的高效率的同时，也会在一定程度上造成条块分割、各自为政。每一位经理和主管可能首先关心的是自己的利益和责任，尤其是在饭店缺乏相关管理制度和规范，以及相关监督和控制措施的时候，一是把自己的势力范围明确地定义出来；二是把不利的信息拒之门外，使横向沟通破除障碍。另外，饭店内部部际之间沟通常常伴随着责任承担的转移，这时沟通也会演变成为把责任传递给别人的工具。

4. 想当然意气用事

在饭店前厅部际沟通中，存在着员工之间或部门之间认为对方应该知道自己想要传达的信息的现象。例如，猜想对方清楚自己口头表达，而不按操作流程用书面表格表明客人的订单和变更内容。再如，认为对方应该会收到书面重要通知，而不去跟进一个电话确认。这些主观的臆测和猜想经常造成事故和客人投诉。

9.4.2 纠正方法

1. 实行定期部际交叉培训，加强沟通协作

由于每个部门的岗位职责要求不一样，跨部门间的工作难免出现沟通障碍。通过各部门有业务背景的主管人员进行培训授课，不仅能让前厅的员工了解、熟悉各个部门的工作职责，增加员工个人对不同工种知识的学习，同时也能加强部门员工之间的沟通交流，树立饭店整体经营管理意识。在平时的工作中，部门间就能相互体谅、共同合作，为有效的沟通创造一个良好的环境。

2. 注意日常沟通检查和信息反馈

在日常工作中，注意检查部门与内部之间信息沟通的执行反馈情况，不断总结、完善各个环节。对于沟通良好的部门和个人及时予以表扬，反之，则予以批评。

3. 重视与员工沟通，重视非正式组织

在前厅的日常管理中，一定要重视与员工的沟通，通过沟通了解员工中的非正式组织，发现非正式组织的“领导”，掌握他们的一些想法，及时进行引导。非正式组织在任何一个团队中都起着一个非常大的作用，引导得好，将对整个团队起着非常好的积极促进作用，否则，将会对团队产生极大的危害。

案例赏析

某日，国内某大报社编辑一行三人入住某市一家三星级饭店。在办理入住登记手续时，总台接待员要求他们支付预付款。由于不能确定具体住宿天数，接待单位就先为其交了一天的预付款。因为接待单位与该饭店有着较好的业务往来关系，且负责接待的人员恰巧与该饭店销售经理较熟，销售经理同意这三位客人以后几天可免交预付款。

第二天夜间23：00，当三位客人办完事返回酒店时，一位楼层服务员站在客人的房门口，拦住他们，不允许进入客房，理由是他们没有交押金（预付款）。“可你们的销售经理已经同意了啊！”其中一位客人辩解道。“我不管，反正总台说你们没有交押金就不能进客房。”……

任凭客人如何解释都无济于事，情急之下，客人说道：“已经半夜了，我们现在外出也没有地方去，要不，你先让我们进去，如果接待单位不帮我们交押金，

你就直接去公安局报案……"后经调查，由于内部信息沟通不畅，将客人折腾了半天。尽管销售经理一再向接待单位和三位客人道歉，但三位编辑却难以谅解。

思考：1. 本案例中信息沟通不畅在何处？为什么会不畅？

2. 应怎样做才能避免上述问题发生？

本章小结

- 客情预测表是反映未来一段时间内预订客人的基本信息的表格。按照时间划分，客情预测及其传递一般要经过三个阶段：近期预测、每周预测及翌日抵达客人预测。
- 前厅信息沟通管道包括前厅内部信息沟通、前厅与客人信息沟通、前厅与酒店部门之间信息沟通三种管道。各部门员工要清楚信息沟通的目的、方法、方向及如何将这些信息进行妥善处理，保证信息管道畅通。
- 为进行有效的信息沟通，各部门、各环节必须以全局利益为重。加强对员工的培训，让员工熟悉酒店的运转程序；酒店在可能的情况下有必要对员工进行交叉培训，增进员工对其他部门工作的了解；组织员工集体活动，增进员工之间的相互了解，加强团结。

思考题

一、单选题

1. （　　）一般指半个月或一个月以上的预测。

A. 长期预测　　B. 中期预测　　C. 短期预测　　D. 近期预测

2. 总台收银处与预订处之间主要就客人的（　　）进行有效的沟通协调，以接待好保证类预订的客人。

A. 预订时间　　B. 入住天数　　C. 房间类型　　D. 订金问题

3. （　　）是饭店上下级之间、部门间沟通协调的一种有效工具，可包括工作指示、请示、汇报、建议和要求等。

A. 报表　　B. 工作报告　　C. 备忘录　　D. 规章制度

4. 饭店前厅与饭店（　　）的沟通协调包括饭店免费、折扣、订金、预付款、客房信用政策及客房销售政策的呈报与批准。

A. 总经理室　　B. 客房部　　C. 销售部　　D. 财务部

5. 为确保客房收入的及时回收，前厅应做好与（　　）之间的沟通协调。

A. 销售部　　B. 客房部　　C. 财务部　　D. 餐饮部

二、判断题

1. 饭店前厅对长时期的、整体的销售，尤其是团体/会议的客房销售负责。（　　）

2. 前厅是酒店业务活动的中心，由于信息沟通不畅所引发的各种问题也层出不穷。（　　）

3. 客房部应及时将走客房内所发现的客人遗留物品情况通知总台。（　　）

4. 前厅不参与客房清扫保养质量的检查。（　　）

5. 常用的前厅计算机组件包括预订系统、客房管理系统、账务系统和综合管理系统。（　　）

三、简答题

1. 前厅内部沟通主要体现在哪些方面?

2. 前厅常见的沟通协调方法有哪些?

3. 前厅信息沟通的障碍有哪些?

4. 如何处理前厅信息沟通中的障碍?

四、实训题

实地考察当地不同类型的酒店，了解其前厅沟通渠道、方法及障碍，进行分析并写出报告。

参考文献

[1] 王赫男，郭亚军．前厅部运营管理［M］．北京：电子工业出版社，2009.
[2] 毛江海，田晓敏，胡剑虹，等．前厅服务与管理［M］．南京：东南大学出版社，2007.
[3] 项园园．酒店前厅运转与管理［M］．北京：高等教育出版社，2005.
[4] 苗雅杰．前厅服务与管理［M］．北京：中国物资出版社，2009.
[5] 潘雪梅，王立职．前厅服务与管理［M］．北京：中国铁道出版社，2009.
[6] 林美珍，郑向敏．饭店前厅运作与管理［M］．北京：中国财政经济出版社，2005.
[7] 宋雷．前厅运行与管理［M］．北京：中国商业出版社，2005.
[8] 曾小力，韦小良，韦明体．前厅服务与管理［M］．2 版．北京：旅游教育出版社，2005.
[9] 宋健强．前厅服务与管理［M］．北京：经济科学出版社，2008.
[10] 周丽．旅游饭店前厅服务与管理［M］．北京：对外经济贸易大学出版社，2008.
[11] 吴梅．前厅服务与管理［M］．2 版．北京：高等教育出版社，2006.
[12] 吴玲．前厅运行与管理［M］．上海：上海交通大学出版社，2011.
[13] 吴军卫，程道品．饭店前厅管理［M］．重庆：重庆大学出版社，2002.

北京大学出版社高职高专旅游系列规划教材

序号	标准书号	书　名	主　编	定价	出版年份	配套情况
1	978-7-301-19028-9	客房运行与管理	孙亮，赵伟丽	33	2011	电子课件，习题答案
2	978-7-301-19184-2	酒店情景英语	魏新民，申延子	28	2011	电子课件
3	978-7-301-19034-0	餐饮运行与管理	檀亚芳，王敏	34	2011	电子课件，习题答案
4	978-7-301-19306-8	景区导游	陆霞，郭海胜	32	2011	电子课件
5	978-7-301-18986-3	导游英语	王堃	30	2011	电子课件，光盘
6	987-7-301-19230-6	酒店市场营销	赵伟丽，刘天飞	36	2011	电子课件
7	978-7-301-19029-6	品牌酒店英语面试培训教程	王志玉	22	2011	电子课件
8	978-7-301-18893-4	茶文化与茶艺	檀亚芳，刘学芬	38	2011	电子课件，光盘
9	978-7-301-19337-2	会展概论	崔益红	28	2011	电子课件
10	978-7-301-19963-3	前厅服务与管理	黄志刚	28	2012	电子课件
11	978-7-301-19955-8	酒店经济法律理论与实务	钱丽玲	32	2012	电子课件
12	978-7-301-19932-9	旅游法规案例教程	王志雄	36	2012	电子课件
13	978-7-301-20477-1	旅游资源与开发	冯小叶	37	2012	电子课件
14	978-7-301-20459-7	模拟导游实务	王延君	25	2012	电子课件
15	978-7-301-20478-8	酒店财务管理	左桂谔	41	2012	电子课件
16	978-7-301-20566-2	调酒与酒吧管理	单铭磊	43	2012	电子课件
17	978-7-301-20652-2	导游业务规程与技巧	叶娅丽	31	2012	电子课件
18	978-7-301-21054-3	旅游行业礼仪实训教程	李丽	37	2012	电子课件
19	978-7-301-20884-7	酒店信息化与电子商务	袁宇杰	24	2012	电子课件
20	978-7-301-21137-3	旅游法规实用教程	周崴	31	2012	电子课件
21	978-7-301-21559-3	饭店管理实务	金丽娟	37	2013	电子课件
22	978-7-301-21891-4	酒店情景英语	高文知	36	2013	电子课件，听力光盘
23	978-7-301-22187-7	会展概论	徐静	28	2013	电子课件，习题答案
24	978-7-301-22316-1	旅行社经营实务	吴丽云，刘洁	28	2013	电子课件
25	978-7-301-22349-9	会展英语	李世平	28	2013	电子课件，mp3
26	978-7-301-22777-0	酒店前厅经营与管理	李俊	28	2013	电子课件
27	978-7-301-22416-8	会展营销	谢红芹	25	2013	电子课件
28	978-7-301-22778-7	旅行社计调实务	叶娅丽，陈学春	35	2013	电子课件